Über die Beziehungen des Menschen zu den niederen Tieren

Thomas Henry Huxley

Writat

Diese Ausgabe erschien im Jahr 2023

ISBN: 9789359255385

Herausgegeben von
Writat
E-Mail: info@writat.com

Über die Beziehungen des Menschen zu den niederen Tieren

Von Thomas H. Huxley

Multis videri Poterit , Majorem esso differentiam Simiae und

Hominis, Quam diei und noctis; Verum tamen Hallo, Vergleich

Inter- Summos -Institut Europae Heroes et Hottentottos Anzeige

Caput bonae spei degent , schwierig Sibi überzeugend ,

hat eosdem habere Natales ; vel si jungfräulich nobilem Aulicam ,

Maxime comtam und humanissimam , verleihen velent cum homine

Sylvestri und Sibi relicto , vix Augurari besitzen , hunc und

illam ejusdem esse speciei.— ' Linnaei _ Amoenitates Acad.

'Anthropomorpha.'

Die Frage aller Fragen für die Menschheit – das Problem, das allen anderen zugrunde liegt und zutiefst interessant ist als jedes andere – ist die Gewissheit über den Platz, den der Mensch in der Natur einnimmt, und über seine Beziehungen zum Universum der Dinge. Woher ist unsere Rasse gekommen? Wo liegen die Grenzen unserer Macht über die Natur und der Macht der Natur über uns? zu welchem Ziel wir tendieren; sind die Probleme, die sich jedem auf der Welt geborenen Menschen neu und mit unvermindertem Interesse stellen. Die meisten von uns schrecken vor den Schwierigkeiten und Gefahren zurück, die auf den Suchenden nach originellen Antworten auf diese Rätsel zukommen, und begnügen sich damit, sie ganz zu ignorieren oder den forschenden Geist unter dem Federbett einer respektierten und respektablen Tradition zu ersticken. Aber in jedem Zeitalter gibt es einen oder zwei ruhelose Geister, die mit dem konstruktiven Genie gesegnet sind, das nur auf einem sicheren Fundament aufbauen kann, oder mit dem Geist des bloßen Skeptizismus verflucht sind und nicht in der Lage sind, dem ausgetretenen und bequemen Pfad ihres Lebens zu folgen Vorväter und Zeitgenossen, ohne Rücksicht auf Dornen und Stolpersteine, gehen ihren eigenen Weg. Die Skeptiker enden in der Ungläubigkeit, die behauptet, das Problem sei unlösbar, oder im Atheismus, der die Existenz eines geordneten Fortschritts und einer Ordnung der Dinge leugnet: Die genialen Männer schlagen Lösungen vor, die zu Systemen der Theologie oder der Philosophie werden oder verschleiert werden Eine musikalische Sprache, die mehr suggeriert als sie behauptet, nimmt die Form der Poesie einer Epoche an.

Befürworters , wenn nicht von ihm selbst, ausnahmslos als vollständig und endgültig behauptet wird, bleibt in hoher Autorität und Wertschätzung, sei es ein Jahrhundert lang oder zwanzig Jahre lang: aber Wie ausnahmslos beweist die Zeit, dass jede Antwort eine bloße Annäherung an die Wahrheit war – tolerierbar hauptsächlich aufgrund der Unwissenheit derjenigen, von denen sie akzeptiert wurde, und völlig unerträglich, wenn sie durch das umfassendere Wissen ihrer Nachfolger überprüft wurde.

In einer altbekannten Metapher wird eine Parallele zwischen dem Leben des Menschen und der Metamorphose der Raupe zum Schmetterling gezogen; aber der Vergleich könnte ebenso gerechtfertigt und neuartiger sein, wenn wir als früheren Begriff den geistigen Fortschritt der Rasse heranziehen. Die Geschichte zeigt, dass der menschliche Geist, genährt durch ständige Zuwächse an Wissen, in regelmäßigen Abständen zu groß für seine theoretischen Hüllen wird und diese auseinanderbricht, um in neuen Fähigkeiten zum Vorschein zu kommen, so wie die sich ernährende und wachsende Made von Zeit zu Zeit ihre zu schmale Haut abwirft und annimmt ein anderer, selbst aber vorübergehend. Tatsächlich scheint der Imago-Zustand des Menschen furchtbar weit entfernt zu sein, aber jede Mauser ist ein gewonnener Schritt, und davon gab es viele.

Seit der Wiederbelebung der Gelehrsamkeit, die es den westlichen Völkern Europas ermöglichte, den von den Philosophen Griechenlands begonnenen Fortschritt hin zu wahrem Wissen in Angriff zu nehmen, der in den folgenden langen Zeitaltern intellektueller Stagnation oder bestenfalls Schwankungen fast zum Stillstand kam Die menschliche Larve hat kräftig gefressen und sich entsprechend gemausert . Eine Haut von einiger Dimension wurde im 16. Jahrhundert geformt und eine weitere gegen Ende des 18. Jahrhunderts, während in den letzten fünfzig Jahren das außergewöhnliche Wachstum aller Bereiche der Naturwissenschaften unter uns eine so nahrhafte und anregende geistige Nahrung verbreitet hat Charakter, dass eine neue Ekdysis unmittelbar bevorzustehen scheint. Aber dies ist ein Prozess, der nicht ungewöhnlich von vielen Wehen und einer gewissen Krankheit und Schwäche oder vielleicht auch von schwerwiegenderen Störungen begleitet wird; Daher muss sich jeder gute Bürger verpflichtet fühlen, den Prozess zu erleichtern und, selbst wenn er nur ein Skalpell zur Hand hat , die rissige Haut nach besten Kräften zu lindern.

In dieser Pflicht entschuldige ich mich für die Veröffentlichung dieser Aufsätze. Denn es wird zugegeben, dass eine gewisse Kenntnis der Stellung des Menschen in der belebten Welt eine unabdingbare Voraussetzung für das richtige Verständnis seiner Beziehungen zum Universum ist – und dies führt letztendlich wiederum zu einer Untersuchung der Natur und der Nähe von den Bindungen, die ihn mit jenen einzigartigen Geschöpfen verbinden, deren Geschichte 1 auf den vorhergehenden Seiten skizziert wurde.

Die Bedeutung einer solchen Untersuchung wird in der Tat intuitiv deutlich. Angesichts dieser verschwommenen Kopien seiner selbst verspürt der am wenigsten Nachdenkliche einen gewissen Schock, der vielleicht nicht so sehr auf den Ekel angesichts dessen zurückzuführen ist, was wie eine Beleidigung aussieht Karikatur über das Erwachen eines plötzlichen und tiefen Misstrauens gegenüber altehrwürdigen Theorien und tief verwurzelten Vorurteilen hinsichtlich seiner eigenen Stellung in der Natur und seinen Beziehungen zur Unterwelt des Lebens; während das, was für den Undenkenden ein schwacher Verdacht bleibt, für alle, die mit den jüngsten Fortschritten der anatomischen und physiologischen Wissenschaften vertraut sind, zu einem weitreichenden Argument wird, das mit tiefgreifenden Konsequenzen behaftet ist.

Ich schlage nun vor, dieses Argument kurz zu entfalten und in einer Form, die für diejenigen verständlich ist, die keine besondere Kenntnis der anatomischen Wissenschaft haben, die Haupttatsachen darzulegen, auf denen alle Schlussfolgerungen hinsichtlich der Natur und des Ausmaßes der Bindungen basieren, die den Menschen mit der Natur verbinden Ich werde dann die einzige unmittelbare Schlussfolgerung angeben, die meines Erachtens durch diese Tatsachen gerechtfertigt ist, und abschließend die Bedeutung dieser Schlussfolgerung für die Hypothesen diskutieren, die bezüglich des Ursprungs des Menschen aufgestellt wurden.

Die Tatsachen, auf die ich die Aufmerksamkeit des Lesers zunächst lenken möchte, sind, obwohl sie von vielen erklärten Lehrern des öffentlichen Geistes ignoriert werden, leicht zu beweisen und werden von Männern der Wissenschaft allgemein anerkannt; Obwohl ihre Bedeutung so groß ist, wird jeder, der gebührend darüber nachgedacht hat, meiner Meinung nach in den anderen Offenbarungen der Biologie wenig finden, was ihn erschrecken könnte. Ich beziehe mich auf die Tatsachen, die durch das Studium der Entwicklung bekannt geworden sind.

Es ist eine Wahrheit von sehr weitreichender, wenn nicht sogar universeller Gültigkeit, dass jedes Lebewesen seine Existenz in einer anderen und einfacheren Form beginnt als die, die es schließlich annimmt.

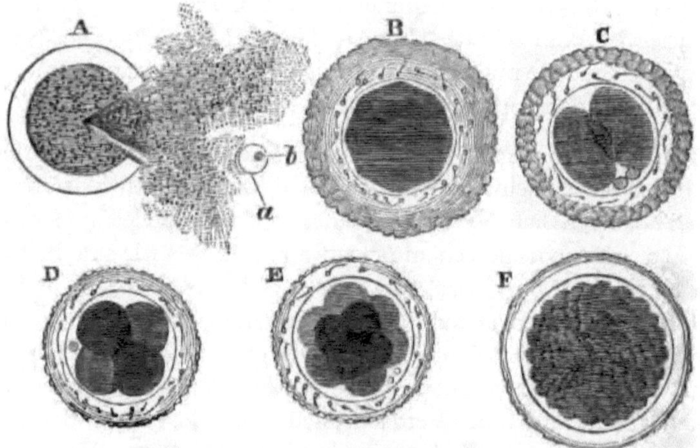

Fig. 13.—A. Egg of the Dog, with the vitelline membrane burst, so as to give exit to the yelk, the germinal vesicle (a), and its included spot (b).

B. C. D. E. F. Successive changes of the yelk indicated in the text. After Bischoff.

Die Eiche ist ein komplexeres Ding als die kleine rudimentäre Pflanze, die in der Eichel enthalten ist; die Raupe ist komplexer als das Ei; der Schmetterling als die Raupe; und jedes dieser Wesen durchläuft beim Übergang von seinem rudimentären zu seinem vollkommenen Zustand eine Reihe von Veränderungen, deren Summe seine Entwicklung genannt wird. Bei den höheren Tieren sind diese Veränderungen äußerst kompliziert; Aber im letzten halben Jahrhundert haben die Arbeiten von Männern wie Von Baer, Rathke , Reichert, Bischof und Remak sie fast vollständig entschlüsselt , so dass beispielsweise die aufeinanderfolgenden Entwicklungsstadien eines Hundes sichtbar sind , sind dem Embryologen mittlerweile ebenso bekannt wie die Schritte der Metamorphose des Seidenraupenspinners dem Schuljungen. Es wird nützlich sein, die Art und Reihenfolge der Entwicklungsstadien des Hundes als Beispiel für den Prozess bei höheren Tieren im Allgemeinen aufmerksam zu betrachten.

Der Hund beginnt seine Existenz wie alle Tiere, mit Ausnahme der alleruntersten (und weitere Untersuchungen werden die offensichtliche Ausnahme wahrscheinlich nicht beseitigen können), als Ei: als Körper, der in jeder Hinsicht ebenso ein Ei ist wie der einer Henne , aber es fehlt die Ansammlung von Nährstoffen, die dem Vogelei seine außergewöhnliche Größe und seinen häuslichen Nutzen verleihen; und will die Schale, die nicht nur für ein Tier, das im Körper seines Elterntiers brütet, nutzlos wäre, sondern es auch vom Zugang zur Nährstoffquelle abschneiden würde, die das junge Lebewesen benötigt, das winzige Ei des Säugetiers jedoch benötigt nicht in sich enthalten.

Das Ei des Hundes ist in der Tat ein kleiner kugelförmiger Beutel (Abb. 12), der aus einer zarten transparenten Membran namens „Vitellinmembran" besteht und einen Durchmesser von etwa 1/130 bis 1/120 Zoll hat. Es enthält eine Masse zähflüssiger Nährstoffe – den „Yelk" –, in dem sich ein zweiter, viel empfindlicherer kugelförmiger Beutel befindet, der als „Keimbläschen" (a) bezeichnet wird. Letzteres ist mit einem festeren runden Körper verbunden, der als „Keimfleck" (b) bezeichnet wird.

Die Eizelle oder „Ovum" wird ursprünglich in einer Eichel gebildet, von der sie sich zu gegebener Zeit ablöst und in die Wohnkammer gelangt, die zu ihrem Schutz und ihrer Erhaltung während des langwierigen Schwangerschaftsprozesses dient. Hier wird dieses winzige und scheinbar unbedeutende Teilchen lebender Materie, wenn es den erforderlichen Bedingungen ausgesetzt wird, zu einer neuen und mysteriösen Aktivität belebt. Das Keimbläschen und der Keimfleck sind nicht mehr erkennbar (ihr genaues Schicksal ist eines der noch ungelösten Probleme der Embryologie), aber der Dotter wird umlaufend eingedrückt, als ob ein unsichtbares Messer darum herum gezogen worden wäre, und erscheint so in zwei Hemisphären geteilt (Abb. 12, C).

Durch die Wiederholung dieses Vorgangs in verschiedenen Ebenen werden diese Hemisphären unterteilt, so dass vier Segmente entstehen (D); und diese teilen sich in gleicher Weise und unterteilen sich wieder, bis der gesamte Eigelb in eine Masse von Körnchen umgewandelt ist, von denen jedes aus einem winzigen Sphäroid aus Eigelbsubstanz besteht, das ein zentrales Teilchen, den sogenannten „Kern", einschließt (F). Die Natur hat durch diesen Prozess fast das gleiche Ergebnis erzielt wie das, zu dem ein menschlicher Kunsthandwerker durch seine Arbeit auf einem Ziegelfeld gelangt. Sie nimmt das raue Plastikmaterial des Eigelbs und bricht es in wohlgeformte, einigermaßen gleichgroße Massen, die sich praktisch für den Einbau in jeden Teil des Wohngebäudes eignen.

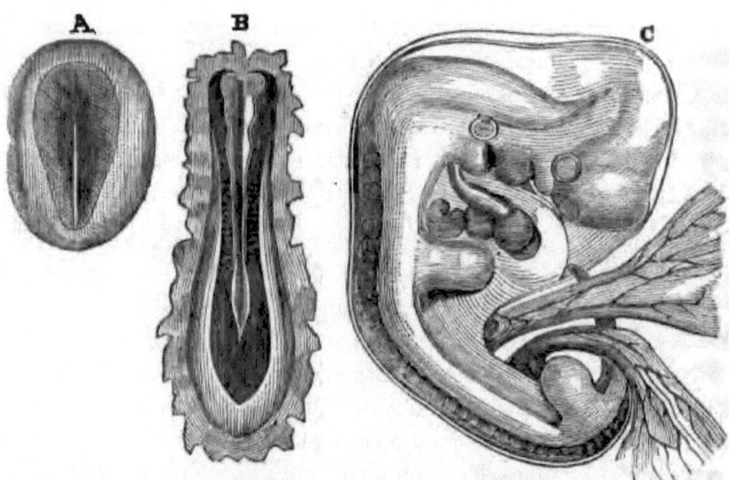

Fig. 14.—A. Earliest rudiment of the Dog.   B. Rudiment further advanced, showing the foundations of the head, tail, and vertebral column.   C. The very young puppy, with attached ends of the yelk-sac and allantois, and invested in the amnion.

Als nächstes erhält die so geformte Masse aus organischen Ziegeln oder „Zellen", wie sie technisch genannt werden, eine geordnete Anordnung und verwandelt sich in einen hohlen Sphäroiden mit doppelten Wänden. Dann erscheint auf einer Seite dieses Sphäroids eine Verdickung, und nach und nach markiert in der Mitte des Verdickungsbereichs eine gerade flache Rille (Abb. 13, A) die Mittellinie des Gebäudes angehoben werden soll, oder mit anderen Worten, gibt die Position der Mittellinie des Körpers des zukünftigen Hundes an. Die Substanz, die die Rinne auf beiden Seiten begrenzt, erhebt sich dann zu einer Falte, dem Rudiment der Seitenwand dieser langen Höhle, in der schließlich das Rückenmark und das Gehirn untergebracht werden. und im Boden dieser Kammer erscheint ein fester Zellstrang, der sogenannte „Notochord". Ein Ende der eingeschlossenen Höhle erweitert sich und bildet den Kopf (Abb. 13, B), das andere bleibt schmal und wird schließlich zum Schwanz; die Seitenwände des Körpers sind aus der nach unten gerichteten Fortsetzung der Wände der Nut geformt; Und aus ihnen wachsen nach und nach kleine Knospen, die nach und nach die Form von Gliedmaßen annehmen. Wenn man den Entstehungsprozess Schritt für Schritt beobachtet, wird man unweigerlich an den Modellierer aus Ton erinnert. Jeder Teil, jedes Organ wird zunächst sozusagen grob zusammengekniffen und grob skizziert; dann genauer geformt; und erst am Ende erhält es die Schlüssel, die seinen endgültigen Charakter prägen.

So nimmt der junge Welpe schließlich die Gestalt an, wie sie in Abb. 13, C. In diesem Zustand hat es einen unverhältnismäßig großen Kopf, der dem eines Hundes so unähnlich ist, wie die knospenartigen Gliedmaßen sich von seinen Beinen unterscheiden.

Die Reste des Dotters, die noch nicht für die Ernährung und das Wachstum des Jungtiers verwendet wurden, sind in einem Sack enthalten, der am rudimentären Darm befestigt ist und als Dottersack oder „Nabelbläschen" bezeichnet wird. Aus der Haut und der Unter- und Hinteroberfläche des Körpers wurden zwei Membranbeutel entwickelt, die jeweils dem Schutz und der Ernährung des jungen Lebewesens dienen sollen; Ersteres, das sogenannte „Amnion", ist ein mit Flüssigkeit gefüllter Beutel, der den gesamten Körper des Embryos umhüllt und für ihn die Rolle einer Art Wasserbett spielt; die andere, „Allantois" genannte, wächst mit Blutgefäßen beladen aus der ventralen Region heraus und legt sich schließlich an die Wände der Höhle, in der sich der sich entwickelnde Organismus befindet, wodurch diese Gefäße zum Durchgangskanal werden Der Nährstoffstrom, der zur Befriedigung der Bedürfnisse des Nachwuchses erforderlich ist, wird ihm vom Elternteil bereitgestellt.

Die Struktur, die durch die Verflechtung der Gefäße der Nachkommen mit denen des Elternteils entsteht und durch die erstere in die Lage versetzt wird, Nahrung aufzunehmen und Wirkungsstoffe auszuscheiden, wird „Plazenta" genannt.

Es wäre mühsam und für meinen jetzigen Zweck unnötig, den Entwicklungsprozess weiter zu verfolgen; Es genügt zu sagen, dass das hier dargestellte und beschriebene Rudiment durch eine lange und allmähliche Reihe von Veränderungen zu einem Welpen wird, geboren wird und dann in noch langsameren und weniger wahrnehmbaren Schritten zum erwachsenen Hund übergeht.

Es gibt keine große Ähnlichkeit zwischen einem Hühnerflügel und dem Hund, der den Hof beschützt. Dennoch stellt der Forscher der Entwicklung nicht nur fest, dass das Küken seine Existenz als Ei beginnt, das im Wesentlichen in allen wesentlichen Aspekten mit dem des Hundes identisch ist, sondern auch, dass der Dotter dieses Eies eine Teilung erfährt – dass die ursprüngliche Furche entsteht, und dass die angrenzenden Teile des Keims durch genau ähnliche Methoden zu einem jungen Küken geformt werden, das in einem bestimmten Stadium seiner Existenz dem entstehenden Hund so ähnlich ist, dass eine normale Untersuchung die beiden kaum unterscheiden würde.

Die Entwicklungsgeschichte jedes anderen Wirbeltiers, ob Eidechse, Schlange, Frosch oder Fisch, erzählt die gleiche Geschichte. Es gibt zunächst immer ein Ei mit der gleichen Grundstruktur wie das des Hundes: Der

Dotter dieses Eies erfährt immer eine Teilung oder „Segmentierung", wie es oft genannt wird: Die Endprodukte dieser Segmentierung bilden das Gebäude Materialien für den Körper des Jungtiers; und diese ist um eine primitive Rille herum aufgebaut, in deren Boden sich eine Chorda entwickelt hat. Darüber hinaus gibt es eine Periode, in der die Jungen aller dieser Tiere einander nicht nur in der äußeren Form, sondern in allen wesentlichen Strukturbestandteilen so nahe sind, dass die Unterschiede zwischen ihnen unbeträchtlich sind, während sie in ihrem weiteren Verlauf voneinander abweichen immer weiter voneinander entfernt. Und es ist ein allgemeines Gesetz, dass ihre Embryonen einander umso länger und inniger ähneln, je ähnlicher sich Tiere in ihrer erwachsenen Struktur ähneln: So bleiben beispielsweise die Embryonen einer Schlange und einer Eidechse übrig ähneln einander länger als die einer Schlange und eines Vogels; und der Embryo eines Hundes und einer Katze bleiben einander viel länger ähnlich als der Embryo eines Hundes und eines Vogels; oder von einem Hund und einem Opossum; oder sogar als die eines Hundes und eines Affen.

Somit liefert das Studium der Entwicklung einen klaren Test für die Nähe der strukturellen Verwandtschaft, und man wendet sich voller Ungeduld der Frage zu, welche Ergebnisse das Studium der Entwicklung des Menschen liefert. Ist er etwas Besonderes? Hat er seinen Ursprung auf völlig andere Weise als Hund, Vogel, Frosch und Fisch und rechtfertigt damit diejenigen, die behaupten, er habe keinen Platz in der Natur und keine wirkliche Affinität zur niederen Welt des Tierlebens? Oder stammt er aus einem ähnlichen Keim, durchläuft dieselben langsamen und allmählich fortschreitenden Veränderungen, ist auf dieselben Vorrichtungen zum Schutz und zur Ernährung angewiesen und gelangt schließlich mit Hilfe desselben Mechanismus auf die Welt? Die Antwort ist keinen Augenblick zweifelhaft und war auch in diesen dreißig Jahren zu keinem Zeitpunkt zweifelhaft. Ohne Frage sind die Entstehungsart und die frühen Stadien der Entwicklung des Menschen identisch mit denen der Tiere, die ihm auf der Skala unmittelbar untergeordnet sind: Ohne Zweifel steht er in dieser Hinsicht den Affen weit näher als die Affen zum Hund.

Die menschliche Eizelle hat einen Durchmesser von etwa 1/125 Zoll und könnte mit den gleichen Begriffen wie die des Hundes beschrieben werden, so dass ich mich nur auf die illustrative Abbildung (14 A) ihrer Struktur beziehen muss. Es verlässt das Organ, in dem es gebildet wird, auf die gleiche Weise und gelangt in die für seine Aufnahme vorbereitete organische Kammer auf die gleiche Weise, wobei die Bedingungen seiner Entwicklung in jeder Hinsicht die gleichen sind. Es war bisher nicht möglich (und nur durch einen seltenen Zufall wird es jemals möglich sein), die menschliche Eizelle in einem so frühen Entwicklungsstadium wie dem der Eigelbteilung zu untersuchen, aber es gibt allen Grund zu der Schlussfolgerung, dass die

Veränderungen, die sie durchläuft, identisch sind mit denen, die die Eizellen anderer Wirbeltiere aufweisen; denn die formenden Materialien, aus denen der rudimentäre menschliche Körper besteht, sind in den frühesten Zuständen, in denen er beobachtet wurde, dieselben wie die anderer Tiere. Einige dieser frühesten Stadien werden unten dargestellt und sind, wie man sehen wird, streng mit den sehr frühen Stadien des Hundes vergleichbar; die wunderbare Übereinstimmung zwischen den beiden , die mit fortschreitender Entwicklung auch für einige Zeit aufrechterhalten wird und durch den einfachen Vergleich der Zahlen mit denen auf Seite 249 deutlich wird.

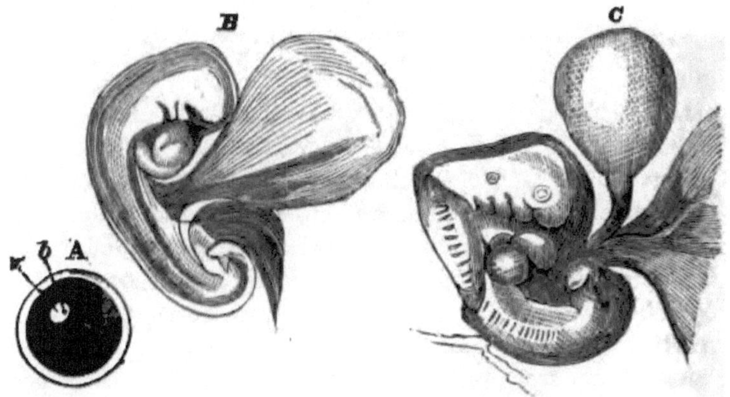

Fig. 15.—A. Human ovum (after Kölliker). a. germinal vesicle. b. germinal spot.

B. A very early condition of Man, with yelk-sac, allantois and amnion (original).

C. A more advanced stage (after Kölliker), compare fig. 14, C.

Tatsächlich dauert es sehr lange, bis der Körper des jungen Menschen leicht von dem des jungen Welpen unterschieden werden kann; aber zu einem ziemlich frühen Zeitpunkt werden die beiden durch die unterschiedliche Form ihrer Zusatzstoffe, des Dottersacks und des Allantois, unterscheidbar. Ersteres wird beim Hund lang und spindelförmig, während es beim Menschen kugelförmig bleibt; Letztere erreicht beim Hund eine extrem große Größe, und die Gefäßprozesse, die sich daraus entwickeln und schließlich zur Bildung der Plazenta führen (die sozusagen im elterlichen Organismus Wurzeln schlägt, um Nahrung zu beziehen). (daher, wie die Wurzel eines Baumes sie aus dem Boden zieht) sind in einer umlaufenden Zone angeordnet, während beim Menschen die Allantois vergleichsweise klein bleiben und ihre Gefäßwurzeln schließlich auf eine scheibenförmige Stelle beschränkt sind. Während also die Plazenta des Hundes wie ein Gürtel ist, hat die Plazenta des Menschen die Form eines Kuchens, worauf der Name des Organs hinweist.

Aber genau in den Punkten, in denen sich der sich entwickelnde Mensch vom Hund unterscheidet, ähnelt er dem Affen, der wie der Mensch einen kugelförmigen Dottersack und eine scheibenförmige – manchmal teilweise gelappte – Plazenta hat. So weist der junge Mensch erst in ganz späteren Entwicklungsstadien deutliche Unterschiede zum jungen Affen auf, während dieser sich in seiner Entwicklung ebenso stark vom Hund unterscheidet wie der Mensch.

So verblüffend die letzte Behauptung auch erscheinen mag, sie ist nachweislich wahr, und sie allein scheint mir ausreichend, um die strukturelle Einheit des Menschen mit dem Rest der Tierwelt und insbesondere und enger mit den Affen außer Zweifel zu stellen.

Somit identisch in den physischen Prozessen, durch die er entsteht – identisch in den frühen Stadien seiner Bildung – identisch in der Art seiner Ernährung vor und nach der Geburt, mit den Tieren, die auf der Skala unmittelbar unter ihm liegen – der Mensch, wenn er erwachsen ist und ihre vollkommene Struktur weisen, wie zu erwarten war, im Vergleich zu ihrer Organisation eine wunderbare Ähnlichkeit auf. Er ähnelt ihnen, wie sie einander – er unterscheidet sich von ihnen, wie sie sich voneinander unterscheiden . – Und obwohl diese Unterschiede und Ähnlichkeiten nicht gewogen und gemessen werden können, kann ihr Wert leicht geschätzt werden; der Maßstab oder Maßstab des Urteils, der diesen Wert berührt, wird durch das System der Klassifizierung von Tieren geboten und ausgedrückt, das heute unter Zoologen üblich ist.

Eine sorgfältige Untersuchung der Ähnlichkeiten und Unterschiede, die Tiere aufweisen, hat Naturforscher tatsächlich dazu veranlasst, sie in Gruppen oder Ansammlungen anzuordnen, wobei alle Mitglieder jeder Gruppe ein bestimmtes Maß an definierbarer Ähnlichkeit aufweisen und die Anzahl der Ähnlichkeitspunkte geringer ist wenn die Gruppe größer ist und „umgekehrt". Somit bilden alle Geschöpfe, die sich nur darin einig sind, die wenigen charakteristischen Merkmale der Tierlichkeit aufzuweisen, das „Königreich" ANIMALIA. Die zahlreichen Tiere, die nur darin übereinstimmen, dass sie die besonderen Merkmale der Wirbeltiere besitzen, bilden ein „Unterkönigreich" dieses Königreichs. Dann wird das Unterreich VERTEBRATA in die fünf „Klassen" Fische, Amphibien, Reptilien, Vögel und Säugetiere und diese in kleinere Gruppen, die „Ordnungen" genannt werden, unterteilt. diese in „Familien" und „Gattungen"; während die letzten schließlich in kleinste Ansammlungen zerlegt werden, die sich durch den Besitz konstanter, nicht-sexueller Charaktere auszeichnen. Diese ultimativen Gruppen sind Arten.

Jedes Jahr führt in der gesamten zoologischen Welt zu einer größeren Einheitlichkeit der Meinungen über die Grenzen und Charaktere dieser großen und kleinen Gruppen. Gegenwärtig hat beispielsweise niemand den geringsten Zweifel an den Charakteren der Klassen Mammalia, Aves oder Reptilia; Es stellt sich auch nicht die Frage, ob ein durchaus bekanntes Tier in die eine oder andere Klasse eingeordnet werden sollte. Auch hier besteht eine sehr allgemeine Übereinstimmung hinsichtlich der Merkmale und Grenzen der Ordnungen der Säugetiere und hinsichtlich der Tiere, die strukturell notwendig sind, um in der einen oder anderen Ordnung einen Platz einzunehmen.

Niemand zweifelt beispielsweise daran, dass das Faultier und der Ameisenfresser, das Känguru und das Opossum, der Tiger und der Dachs, der Tapir und das Nashorn jeweils Mitglieder derselben Ordnung sind. Diese aufeinanderfolgenden Tierpaare können, und manche tun es auch, sich in solchen Dingen wie den Proportionen und der Struktur ihrer Gliedmaßen enorm voneinander unterscheiden; die Anzahl ihrer Rücken- und Lendenwirbel; die Anpassung ihres Körpers an Klettern, Springen oder Laufen; die Anzahl und Form ihrer Zähne; und die Charaktere ihrer Schädel und des darin enthaltenen Gehirns. Aber trotz all dieser Unterschiede sind sie in allen wichtigen und grundlegenden Merkmalen ihrer Organisation so eng miteinander verbunden und durch dieselben Merkmale so deutlich von anderen Tieren getrennt, dass Zoologen es für notwendig halten, sie als Mitglieder einer Ordnung zusammenzufassen . Und wenn ein neues Tier entdeckt würde und sich herausstellen würde, dass es beispielsweise keinen größeren Unterschied zum Känguru und zum Opossum aufweist als diese Tiere voneinander, wäre der Zoologe nicht nur logischerweise gezwungen, es in derselben Reihenfolge einzustufen diese, aber er würde nicht daran denken, etwas anderes zu tun.

Unter Berücksichtigung dieses offensichtlichen zoologischen Gedankengangs wollen wir uns für einen Moment bemühen , unser denkendes Selbst von der Maske der Menschheit zu lösen; Stellen wir uns, wenn man so will, wissenschaftliche Saturnianer vor, die mit den Tieren, die jetzt auf der Erde leben, einigermaßen vertraut sind und sich mit der Erörterung der Beziehungen beschäftigen, die sie zu einem neuen und einzigartigen „aufrechten und federlosen Zweibeiner" haben, den ein unternehmungslustiger Reisender überwunden hat von Raum und Schwerkraft, der von diesem fernen Planeten zu unserer Besichtigung mitgebracht wurde, möglicherweise gut erhalten, in einem Fass Rum. Wir sollten uns alle sofort darauf einigen, ihn zu den Wirbeltieren der Säugetiere zu zählen; und sein Unterkiefer, seine Backenzähne und sein Gehirn würden keinen Raum für Zweifel an der systematischen Stellung der neuen Gattung unter den Säugetieren lassen, deren Junge während der Schwangerschaft durch eine Plazenta ernährt werden, oder was man „Plazenta-Säugetiere" nennt. '

Darüber hinaus würde uns die oberflächlichste Untersuchung sofort davon überzeugen, dass es unter den Ordnungen der Plazenta-Säugetiere weder die Wale noch die Huftiere, noch die Faultiere und Ameisenfresser, noch die fleischfressenden Katzen, Hunde und Bären gibt, geschweige denn die Nagetiere, Ratten und Kaninchen, oder die insektenfressenden Maulwürfe und Igel oder die Fledermäuse könnten unseren „Homo" als einen von sich beanspruchen.

Dann bliebe nur noch eine Vergleichsordnung übrig, nämlich die der Affen (wobei dieses Wort im weitesten Sinne verwendet wird), und die zu diskutierende Frage würde sich darauf beschränken: Ist der Mensch so unterschiedlich von einem dieser Affen, dass er eine bilden muss? selbst bestellen? Oder unterscheidet er sich weniger von ihnen, als sie sich voneinander unterscheiden, und muss daher seinen Platz in der gleichen Reihenfolge wie sie einnehmen?

Da wir glücklicherweise frei von jeglichem wirklichen oder eingebildeten persönlichen Interesse an den Ergebnissen der so eingeleiteten Untersuchung sind, sollten wir mit der Abwägung der Argumente auf der einen und der anderen Seite mit so viel richterlicher Ruhe fortfahren, als ob es sich bei der Frage um eine neue Frage handeln würde Beutelratte. Wir sollten uns bemühen , alle Merkmale zu ermitteln, durch die sich unser neues Säugetier von den Affen unterschied, ohne zu versuchen, sie zu vergrößern oder abzuschwächen. und wenn wir herausfanden, dass diese von geringerem strukturellen Wert waren als diejenigen, die bestimmte Mitglieder der Affenordnung von anderen unterscheiden, von denen allgemein anerkannt wird, dass sie derselben Ordnung angehören, würden wir zweifellos die neu entdeckte Gattung Tellur zu ihnen zählen.

letztgenannten Weg einzuschlagen .

Es ist ziemlich sicher, dass der Affe, der dem Menschen in seiner gesamten Organisation am nächsten kommt, entweder der Schimpanse oder der Gorilla ist; und da dies keinen praktischen Unterschied macht, werde ich für die Zwecke meines vorliegenden Arguments, das zum Vergleich einerseits mit dem Menschen und andererseits mit dem Rest der Primaten ausgewählt wird, 2 Letzteres auswählen (soweit seine Organisation bekannt ist) – als ein Tier, das heute in Prosa und Versen so berühmt ist, dass alle von ihm gehört und sich eine Vorstellung von seinem Aussehen gemacht haben müssen. Ich werde so viele der wichtigsten Unterschiede zwischen dem Menschen und diesem bemerkenswerten Geschöpf aufgreifen, wie der mir zur Verfügung stehende Raum zu der Diskussion zulässt und die Notwendigkeiten der Argumentation es erfordern; und ich werde den Wert und die Größe dieser

Unterschiede untersuchen, wenn man sie denen gegenüberstellt, die den Gorilla von anderen Tieren derselben Ordnung unterscheiden.

In den allgemeinen Proportionen des Körpers und der Gliedmaßen gibt es einen bemerkenswerten Unterschied zwischen Gorilla und Mensch, der sofort ins Auge fällt. Die Gehirnhülle des Gorillas ist im Verhältnis zu denen des Menschen kleiner, sein Rumpf größer, seine unteren Gliedmaßen kürzer und seine oberen länger. 3

Ich finde, dass die Wirbelsäule eines ausgewachsenen Gorillas im Museum des Royal College of Surgeons entlang ihrer vorderen Krümmung 27 Zoll misst, vom oberen Rand des Atlas oder ersten Halswirbels bis zur unteren Extremität des Kreuzbeins; dass der Arm ohne Hand 31 1/2 Zoll lang ist; dass das Bein ohne Fuß 26 1/2 Zoll lang ist; dass die Hand 9-3/4 Zoll lang ist; der Fuß 11-1/4 Zoll lang.

Mit anderen Worten, wenn man die Länge der Wirbelsäule mit 100 annimmt, beträgt der Arm 115, das Bein 96, die Hand 36 und der Fuß 41.

Im Skelett eines männlichen Bosjesman in derselben Sammlung betragen die Proportionen der Wirbelsäule, angenommen mit 100, nach demselben Maß: der Arm 78, das Bein 110, die Hand 26 und der Fuß 32. In Bei einer Frau derselben Rasse ist der Arm 83 und das Bein 120, Hand und Fuß bleiben gleich. Bei einem europäischen Skelett finde ich den Arm 80, das Bein 117, die Hand 26, den Fuß 35.

Daher unterscheidet sich das Bein in seinen Proportionen nicht so stark von der Wirbelsäule des Gorillas und des Menschen, wie es auf den ersten Blick aussieht – es ist geringfügig kürzer als die Wirbelsäule des ersteren und zwischen 1/10 und 1/5 länger die Wirbelsäule in letzterem. Der Fuß ist beim Gorilla länger und die Hand viel länger; aber der große Unterschied wird durch die Arme verursacht, die sehr viel länger als die Wirbelsäule des Gorillas und sehr viel kürzer als die Wirbelsäule des Menschen sind.

Es stellt sich nun die Frage, wie die anderen Affen in dieser Hinsicht mit dem Gorilla verwandt sind – wenn man die auf die gleiche Weise gemessene Länge der Wirbelsäule mit 100 annimmt. Bei einem erwachsenen Schimpansen beträgt der Arm nur 96, das Bein 90, die Hand 43, der Fuß 39 – so dass die Hand und das Bein mehr vom menschlichen Verhältnis abweichen und der Arm weniger, während der Fuß ungefähr derselbe ist wie beim Gorilla.

Beim Orang sind die Arme sehr viel länger als beim Gorilla (122), während die Beine kürzer sind (88); Der Fuß ist länger als die Hand (52 und 48), und beide sind im Verhältnis zur Wirbelsäule viel länger.

Bei den anderen menschenähnlichen Affen wiederum, den Gibbons, sind diese Verhältnisse noch weiter verändert; die Länge der Arme beträgt 19 zu 11 zu der Länge der Wirbelsäule; während die Beine auch ein Drittel länger als die Wirbelsäule sind, also länger als beim Menschen, statt kürzer. Die Hand ist halb so lang wie die Wirbelsäule und der Fuß ist kürzer als die Hand und beträgt etwa 5/11 der Länge der Wirbelsäule.

Somit hat „Hylobates" genauso viel längere Arme als der Gorilla, wie der Gorilla längere Arme hat als der Mensch; während es andererseits in den Beinen ebenso viel länger ist als der Mann, wie der Mann in den Beinen länger ist als der Gorilla, so dass es in sich die extremsten Abweichungen von der durchschnittlichen Länge beider Gliedmaßenpaare enthält (Siehe Abbildung auf Seite 196).

Der Mandrill stellt einen mittleren Zustand dar, wobei die Arme und Beine nahezu gleich lang und beide kürzer als die Wirbelsäule sind; während Hand und Fuß nahezu die gleichen Proportionen zueinander und zur Wirbelsäule haben wie beim Menschen.

Beim Klammeraffen („Ateles") ist das Bein länger als die Wirbelsäule und der Arm länger als das Bein; und schließlich ist bei dieser bemerkenswerten lemurinen Form, dem Indri („ Lichanotus "), das Bein etwa so lang wie die Wirbelsäule, während der Arm nicht mehr als 11/18 seiner Länge ausmacht; Die Hand hat etwas weniger und der Fuß etwas mehr als ein Drittel der Länge der Wirbelsäule.

Diese Beispiele ließen sich sehr vervielfachen, aber sie genügen, um zu zeigen, dass die anderen Affen, in welchen Proportionen ihrer Gliedmaßen sich auch immer vom Menschen unterscheidet, die anderen Affen noch weiter vom Gorilla abweichen und dass solche Proportionsunterschiede folglich keinen Ordnungswert haben können .

Als nächstes können wir die Unterschiede betrachten, die der Rumpf, der aus der Wirbelsäule oder dem Rückgrat besteht, und die Rippen und das Becken oder das knöcherne Hüftbecken, die damit verbunden sind, beim Menschen bzw. beim Gorilla darstellen.

Beim Menschen hat die Wirbelsäule als Ganzes als Folge teilweise der Anordnung der Gelenkflächen der Wirbel und größtenteils der elastischen Spannung einiger der Faserbänder oder Bänder, die diese Wirbel miteinander verbinden, eine elegante S-förmige Krümmung, konvex nach vorne im Nacken, konkav im Rücken, konvex in der Fars- oder Lendengegend und wiederum konkav in der Kreuzbeinregion; eine Anordnung, die dem gesamten Rückgrat viel Elastizität verleiht und die durch die Fortbewegung in der aufrechten Stellung auf die Wirbelsäule und durch sie auf den Kopf übertragene Erschütterung verringert.

Darüber hinaus hat der Mensch unter normalen Umständen sieben Halswirbel, die „Halswirbel" genannt werden; zwölf folgen darauf, tragen Rippen und bilden den oberen Teil des Rückens, weshalb sie „dorsal" genannt werden; fünf liegen in den Fernen, tragen keine deutlichen oder freien Rippen und werden „Lendenrippe" genannt; Auf diese folgen fünf, die zu einem großen Knochen zusammengefügt, vorne ausgegraben, fest zwischen den Hüftknochen eingeklemmt sind, um die Rückseite des Beckens zu bilden, und unter dem Namen „Kreuzbein" bekannt sind. und schließlich bilden drei oder vier kleine, mehr oder weniger bewegliche Knochen, die so klein sind, dass sie unbedeutend sind, das „Steißbein" oder den rudimentären Schwanz.

Beim Gorilla ist die Wirbelsäule in ähnlicher Weise in Hals-, Rücken-, Lenden-, Kreuzbein- und Steißbeinwirbel unterteilt, und die Gesamtzahl der Hals- und Rückenwirbel ist zusammengenommen dieselbe wie beim Menschen; aber die Entwicklung eines Rippenpaares bis zum ersten Lendenwirbel, was beim Menschen eine Ausnahmeerscheinung ist, ist beim Gorilla die Regel; und da sich die Lendenwirbel von den Rückenwirbeln nur durch das Vorhandensein oder Fehlen freier Rippen unterscheiden, sind die siebzehn „ dorso -lumbalen" Wirbel des Gorillas in dreizehn Rücken- und vier Lendenwirbel unterteilt, während es beim Menschen zwölf Rücken- und fünf Lendenwirbel sind .

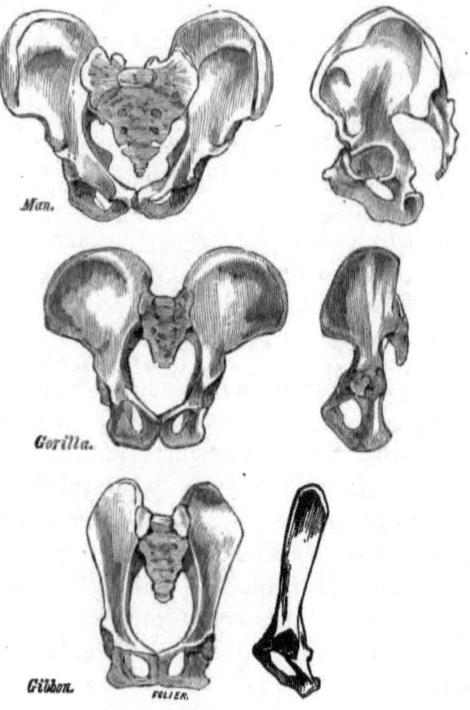

Fig. 16.—Front and side views of the bony pelvis of Man, the Gorilla and Gibbon: reduced from drawings made from nature, of the same absolute length, by Mr. Waterhouse Hawkins.

Allerdings besitzt der Mensch nicht nur gelegentlich dreizehn Rippenpaare, sondern auch der Gorilla hat manchmal vierzehn Paare, während ein Orang-Utan- Skelett im Museum des Royal College of Surgeons wie der Mensch zwölf Rücken- und fünf Lendenwirbel hat. Cuvier vermerkt die gleiche Zahl in einem „Hylobates". Andererseits besitzen viele der niederen Affen zwölf Rücken- und sechs oder sieben Lendenwirbel; Der Douroucouli hat vierzehn Rücken- und acht Lendenwirbel, und ein Lemur („Stenops tardigradus ") hat fünfzehn Rücken- und neun Lendenwirbel.

Die Wirbelsäule des Gorillas als Ganzes unterscheidet sich von der des Menschen durch den weniger ausgeprägten Charakter ihrer Krümmungen, insbesondere durch die geringere Konvexität der Lendengegend. Dennoch sind die Krümmungen vorhanden und bei jungen Skeletten von Gorillas und Schimpansen, die ohne Entfernung der Bänder präpariert wurden, deutlich zu erkennen. Bei ähnlich erhaltenen jungen Orangs hingegen ist die Wirbelsäule im gesamten Lendenbereich entweder gerade oder sogar nach vorne konkav.

Ob wir nun diese Merkmale annehmen oder so unbedeutende Merkmale wie diejenigen, die sich aus der proportionalen Länge der Stacheln der Halswirbel und dergleichen ableiten lassen, es besteht überhaupt kein Zweifel hinsichtlich des deutlichen Unterschieds zwischen Mensch und Gorilla; aber es gibt ebenso wenig, dass zwischen dem Gorilla und den niederen Affen gleich deutliche Unterschiede in derselben Größenordnung bestehen.

Das Becken oder der knöcherne Hüftgürtel des Menschen ist ein auffallend menschlicher Teil seiner Organisation; Die erweiterten Gesäßknochen unterstützen seine Eingeweide während seiner gewöhnlich aufrechten Haltung und bieten Raum für den Ansatz der großen Muskeln, die es ihm ermöglichen, diese Haltung einzunehmen und beizubehalten. In dieser Hinsicht unterscheidet sich das Becken des Gorillas ganz erheblich von seinem (Abb. 15). Aber gehen Sie nicht tiefer als zum Gibbon und sehen Sie, wie weit mehr er sich vom Gorilla unterscheidet als dieser vom Menschen, selbst in dieser Struktur. Schauen Sie sich die flachen, schmalen Hüftknochen an – den langen und schmalen Gang – die groben , nach außen gebogenen Sitzbeinvorsprünge, auf denen der Gibbon normalerweise bleibt und die von den sogenannten „Schwielen", dichten Hautflecken, bedeckt sind, die völlig fehlen beim Gorilla, beim Schimpansen und beim Orang, wie beim Menschen!

Bei den niederen Affen und den Lemuren wird der Unterschied noch deutlicher, da das Becken einen völlig vierbeinigen Charakter annimmt.

Doch wenden wir uns nun einem edleren und charakteristischeren Organ zu – dem, durch das sich der menschliche Körper so stark von allen anderen zu unterscheiden scheint und tatsächlich zu unterscheiden scheint – ich meine den Schädel. Die Unterschiede zwischen dem Schädel eines Gorillas und dem eines Menschen sind wirklich immens (Abb. 16). Bei ersteren überwiegt das Gesicht, das größtenteils aus den massiven Kieferknochen besteht, gegenüber der Gehirnhülle oder dem eigentlichen Schädel; bei letzteren sind die Proportionen der beiden umgekehrt. Beim Mann liegt das Foramen occipitalis, durch das der große Nervenstrang verläuft, der das Gehirn mit den Nerven des Körpers verbindet, direkt hinter der Mitte der Schädelbasis , die dadurch in der aufrechten Haltung gleichmäßig ausgeglichen wird; beim Gorilla liegt es im späteren Drittel dieser Basis. Beim Menschen ist die Oberfläche des Schädels verhältnismäßig glatt, und die supraciliaren Wülste oder Augenbrauenvorsprünge ragen normalerweise nur wenig hervor – während sich beim Gorilla ausgedehnte Kämme auf dem Schädel entwickeln und die Augenbrauenwülste überhängen, die Höhlenhöhlen usw tolle Penthäuser.

Abschnitte der Schädel zeigen jedoch, dass einige der offensichtlichen Defekte am Schädel des Gorillas in Wirklichkeit nicht so sehr auf einen

Mangel an Gehirnhülle, sondern vielmehr auf eine übermäßige Entwicklung der Gesichtsteile zurückzuführen sind. Die Schädelhöhle ist nicht schlecht geformt, und die Stirn ist nicht wirklich abgeflacht oder sehr zurückweichend, ihre wirklich wohlgeformte Krümmung wird einfach durch die Knochenmasse verdeckt, die sich dagegen aufbaut (Abb. 16).

Aber die Dächer der Augenhöhlen steigen schräger in die Schädelhöhle hinein, wodurch der Platz für den unteren Teil der Vorderlappen des Gehirns verringert wird, und die absolute Kapazität des Schädels ist weitaus geringer als die des Menschen. Soweit mir bekannt ist, wurde noch kein menschlicher Schädel eines erwachsenen Mannes mit einer Kubikkapazität von weniger als 62 Kubikzoll beobachtet, wobei Morton mit 63 Kubikzoll den kleinsten Schädel aller Menschenrassen beobachtete; während andererseits der umfangreichste Gorillaschädel, der bisher gemessen wurde, einen Inhalt von nicht mehr als 34-1/2 Kubikzoll hat. Nehmen wir der Einfachheit halber an, dass der Schädel des niedrigsten Menschen die doppelte Kapazität hat wie der des höchsten Gorillas. 4

Zweifellos ist dies ein sehr auffälliger Unterschied, aber er verliert viel von seinem scheinbaren systematischen Wert, wenn er im Lichte bestimmter anderer ebenso unbestreitbarer Tatsachen über die Schädelkapazitäten betrachtet wird.

Die erste davon ist, dass der Unterschied im Volumen der Schädelhöhle verschiedener Rassen der Menschheit absolut viel größer ist als der zwischen dem niedrigsten Menschen und dem höchsten Affen, während er relativ gesehen ungefähr gleich ist. Denn der größte von Morton gemessene menschliche Schädel enthielt 114 Kubikzoll, hatte also fast das Doppelte des Fassungsvermögens des kleinsten; während sein absolutes Übergewicht mit 52 Kubikzoll weitaus größer ist als das, um das der niedrigste menschliche Schädel eines Erwachsenen den größten der Gorillas übertrifft (62 - 34-1/2 = 27-1/2). Zweitens unterscheiden sich die bisher gemessenen erwachsenen Schädel von Gorillas um fast ein Drittel voneinander, wobei die maximale Kapazität 34,5 Kubikzoll beträgt, die minimale 24 Kubikzoll; und drittens fallen die Schädelkapazitäten einiger niedrigerer Affen, wenn man alle gebührenden Größenunterschiede berücksichtigt, fast ebenso weit unter die der höheren Affen, wie diese unter die des Menschen fallen.

Selbst in der wichtigen Frage der Schädelkapazität unterscheiden sich die Menschen daher stärker voneinander als die Affen. während sich die niedrigsten Affen proportional ebenso stark von den höchsten unterscheiden, wie letztere vom Menschen. Der letzte Satz wird noch besser durch das Studium der Modifikationen veranschaulicht, die andere Teile des Schädels in der Simian-Reihe erfahren.

Es ist die große proportionale Größe der Gesichtsknochen und die große Projektion der Kiefer, die dem Schädel des Gorillas seinen kleinen Gesichtswinkel und seinen brutalen Charakter verleihen.

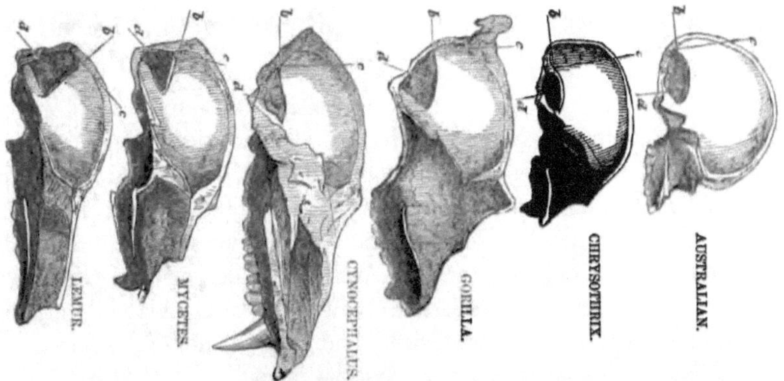

Fig. 17.—Sections of the skulls of Man and various Apes, drawn so as to give the cerebral cavity the same length in each case, thereby displaying the varying proportions of the facial bones. The line b indicates the plane of the tentorium, which separates the cerebrum from the cerebellum ; d, the axis of the occipital outlet of the skull. The extent of the cerebral cavity behind c, which is a perpendicular erected on b at the point where the tentorium is attached posteriorly, indicates the degree to which the cerebrum overlaps the cerebellum—the space occupied by which is roughly indicated by the dark shading. In comparing these diagrams, it must be recollected, that figures on so small a scale as these simply exemplify the statements in the text, the proof of which is to be found in the objects themselves.

Wenn wir jedoch nur die proportionale Größe der Gesichtsknochen zum eigentlichen Schädel berücksichtigen, unterscheidet sich der kleine „ Chrysothrix " (Abb. 16) sehr stark vom Gorilla, und zwar in gleicher Weise wie der Mensch; während die Paviane („Cynocephalus", Abb. 16) die groben Proportionen der Schnauze des großen Anthropoiden übertreiben, so dass sein Gesicht im Vergleich zu ihrem mild und menschlich aussieht. Der Unterschied zwischen Gorilla und Pavian ist noch größer, als es auf den ersten Blick scheint; denn die große Gesichtsmasse der ersteren ist größtenteils auf eine nach unten gerichtete Entwicklung der Kiefer zurückzuführen; ein im Wesentlichen menschlicher Charakter, der der fast rein vorwärts gerichteten, im Wesentlichen brutalen Entwicklung derselben Teile hinzugefügt wird, die den Pavian charakterisiert und den Lemur noch bemerkenswerter auszeichnet.

In ähnlicher Weise liegt das Foramen occipitalis bei Mycetes (Abb. 16) und noch mehr bei den Lemuren vollständig in der Hinterseite des Schädels oder ebenso viel weiter hinten als das des Gorillas, wie das des Gorillas weiter zurück als der Mensch; während die gleiche Gruppe von Platyrhinen oder amerikanischen Affen, zu der die Myceten gehören, den Chrysothrix enthält , dessen Foramen occipitalis viel weiter entfernt liegt, als wollte er die Sinnlosigkeit des Versuchs verdeutlichen, eine breite klassifizierende Unterscheidung auf ein solches Merkmal zu stützen vorwärts als bei jedem anderen Affen und nähert sich fast der Position, die es beim Menschen einnimmt.

Auch hier ist der Schädel des Orangs ebenso frei von übermäßig entwickelten suprakiliären Vorsprüngen wie der eines Menschen, obwohl einige Arten an anderer Stelle große Kämme aufweisen (siehe S. 231, 232); und bei einigen der Cebine-Affen und beim „ Chrysothrix " ist der Schädel so glatt und rund wie der des Menschen selbst.

Was von diesen Hauptmerkmalen des Schädels zutrifft, gilt, wie man sich vorstellen kann, auch für alle Nebenmerkmale; so dass für jeden konstanten Unterschied zwischen dem Schädel des Gorillas und dem des Menschen ein ähnlicher konstanter Unterschied derselben Größenordnung (d. h. bestehend aus Überschuss oder Mangel gleicher Qualität) zwischen dem Schädel des Gorillas und dem eines anderen gefunden werden kann Affe. Daher gilt für den Schädel, nicht weniger als für das Skelett im Allgemeinen, der Satz, dass die Unterschiede zwischen dem Menschen und dem Gorilla von geringerem Wert sind als die zwischen dem Gorilla und einigen anderen Affen.

Im Zusammenhang mit dem Schädel kann ich von den Zähnen sprechen – Organen, die einen besonderen klassifizierenden Wert haben und deren Ähnlichkeiten und Unterschiede in Anzahl, Form und Abfolge als Ganzes normalerweise als vertrauenswürdigere Indikatoren für Verwandtschaft angesehen werden als alle anderen Andere.

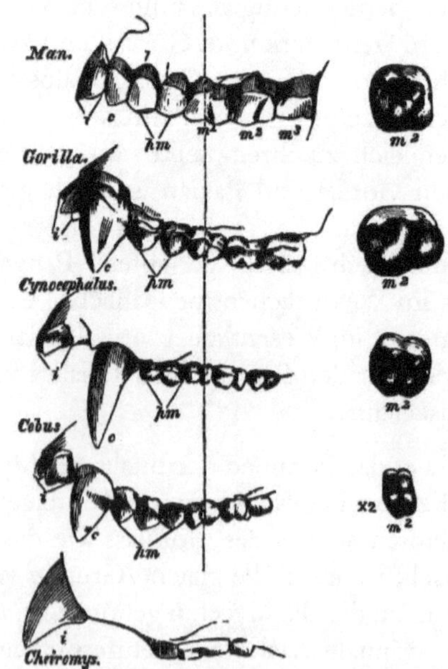

Fig. 18.—Lateral views, of the same length, of the upper jaws of various Primates. i, incisors; c, canines; pm, premolars; m, molars. A line is drawn through the first molar of Man, Gorilla, Cynocephalus, and Cebus, and the grinding surface of the second molar is shown in each, its anterior and internal angle being just above the m of m'.

Der Mensch verfügt über zwei Zahnreihen: Milchzähne und bleibende Zähne. Ersteres besteht aus vier Schneidezähnen oder Schneidezähnen; zwei Eckzähne oder Eckzähne; und vier Backenzähne oder Schleifer in jedem Kiefer, also insgesamt zwanzig. Letzterer (Abb. 17) besteht aus vier Schneidezähnen, zwei Eckzähnen, vier kleinen Mahlzähnen, sogenannten Prämolaren oder falschen Molaren, und sechs großen Mahlwerken oder echten Molaren in jedem Kiefer – also insgesamt zweiunddreißig. Die inneren Schneidezähne sind im Oberkiefer größer als das äußere Paar, im Unterkiefer kleiner als das äußere Paar. Die Kronen der oberen Molaren weisen vier Höcker oder stumpfspitzige Erhebungen auf, und ein Grat durchquert die Krone schräg vom inneren, vorderen Höcker zum äußeren, hinteren Höcker (Abb. 17 m2). Die vorderen unteren Molaren haben fünf Höcker, drei äußere und zwei innere. Die Prämolaren haben zwei Höcker, einen inneren und einen äußeren, von denen der äußere der höhere ist.

In all diesen Hinsichten kann das Gebiss des Gorillas mit den gleichen Begriffen beschrieben werden wie das des Menschen; aber in anderen Dingen weist es viele und wichtige Unterschiede auf (Abb. 17).

Somit bilden die Zähne des Menschen eine regelmäßige und gleichmäßige Reihe – ohne Unterbrechung und ohne deutlichen Vorsprung eines Zahns über das Niveau der anderen; Eine Besonderheit, die, wie Cuvier vor langer Zeit gezeigt hat, von keinem anderen Säugetier außer einem – einem Lebewesen, das sich so sehr vom Menschen unterscheidet, wie man es sich vorstellen kann –, nämlich dem längst ausgestorbenen „Anoplotherium", gemeinsam ist. Die Zähne des Gorillas hingegen weisen in beiden Kiefern eine Lücke oder einen Zwischenraum auf, der als „Diastema" bezeichnet wird: vor dem Augenzahn oder zwischen ihm und dem äußeren Schneidezahn im Oberkiefer; hinter dem Eckzahn oder zwischen ihm und dem falschen Backenzahn im Unterkiefer. In diesen Bruch in der Reihe passt in jedem Kiefer der Eckzahn des gegenüberliegenden Kiefers; Die Größe des Augenzahns beim Gorilla ist so groß, dass er wie ein Stoßzahn weit über die allgemeine Höhe der anderen Zähne hinausragt. Die Wurzeln der falschen Backenzähne des Gorillas sind wiederum komplexer als beim Menschen, und die proportionale Größe der Backenzähne ist anders. Beim Gorilla ist die Krone des hintersten Kiefers des Unterkiefers komplexer und die Reihenfolge des Durchbruchs der bleibenden Zähne ist unterschiedlich; Die bleibenden Eckzähne erscheinen beim Menschen vor dem zweiten und dritten Backenzahn und beim Gorilla danach.

Während also die Zähne des Gorillas denen des Menschen in Anzahl, Art und im allgemeinen Muster ihrer Kronen sehr ähneln, weisen sie in sekundären Aspekten, wie etwa der relativen Größe, der Anzahl der Reißzähne und der Reihenfolge, deutliche Unterschiede zu denen des Menschen auf des Aussehens.

Wenn man jedoch die Zähne des Gorillas mit denen eines Affen vergleicht, der nicht weiter von ihm entfernt ist als ein „Cynocephalus" oder Pavian, wird man feststellen, dass Unterschiede und Ähnlichkeiten derselben Art leicht zu beobachten sind; aber dass der Gorilla in vielen Punkten dem Menschen ähnelt, unterscheidet sich vom Pavian; während verschiedene Aspekte, in denen es sich vom Menschen unterscheidet, im „Cynocephalus" übertrieben dargestellt werden. Die Anzahl und die Art der Zähne bleiben beim Pavian, beim Gorilla und beim Menschen gleich. Aber das Muster der oberen Backenzähne des Pavians unterscheidet sich deutlich von dem oben beschriebenen (Abb. 17), die Eckzähne sind proportional länger und messerartiger; der vordere Prämolar im Unterkiefer ist speziell modifiziert; Der hintere Backenzahn des Unterkiefers ist immer noch größer und komplexer als beim Gorilla.

Wenn wir von den Affen der alten Welt zu denen der neuen Welt übergehen, stoßen wir auf eine Veränderung von viel größerer Bedeutung als alle diese. Bei einer Gattung wie „Cebus" zum Beispiel (Abb. 17) wird man feststellen, dass in einigen sekundären Punkten, wie der Projektion der Eckzähne und dem Diastema, die Ähnlichkeit mit dem großen Affen erhalten bleibt; In anderer und wichtiger Hinsicht ist das Gebiss völlig anders. Statt 20 Zähnen in der Milchgarnitur sind es 24; statt 32 Zähnen in der Dauergarnitur sind es 36, wobei die falschen Backenzähne von acht auf zwölf erhöht wurden. Und in ihrer Form ähneln die Kronen der Backenzähne stark denen des Gorillas und weichen weitaus stärker vom menschlichen Muster ab.

Die Weißbüschelaffen hingegen weisen die gleiche Anzahl Zähne auf wie der Mensch und der Gorilla; aber ungeachtet dessen ist ihr Gebiss sehr unterschiedlich, denn sie haben vier falsche Backenzähne mehr, wie die anderen amerikanischen Affen – aber da sie vier echte Backenzähne weniger haben, bleibt die Gesamtzahl gleich. Und beim Übergang von den amerikanischen Affen zu den Lemuren unterscheidet sich das Gebiss noch vollständiger und wesentlicher von dem des Gorillas. Die Schneidezähne beginnen sowohl in ihrer Anzahl als auch in ihrer Form zu variieren. Die Backenzähne nehmen immer mehr einen vielzackigen, insektenfressenden Charakter an, und bei einer Gattung, den Aye-Aye („ Cheiromys "), verschwinden die Eckzähne und die Zähne ahmen vollständig die eines Nagetiers nach (Abb. 17).

Daher ist es offensichtlich, dass sich das Gebiss des höchsten Affen, so sehr es sich auch von dem des Menschen unterscheidet, weitaus stärker von dem der niederen und niedrigsten Affen unterscheidet.

Welcher Teil des tierischen Gewebes – welche Muskelreihe, welche Eingeweide auch immer zum Vergleich ausgewählt werden –, das Ergebnis wäre das gleiche – die niederen Affen und der Gorilla würden sich stärker unterscheiden als der Gorilla und der Mensch. Ich kann an dieser Stelle nicht versuchen, alle diese Vergleiche im Detail zu verfolgen, und es ist in der Tat unnötig, dass ich dies tun sollte. Es bleiben jedoch bestimmte reale oder vermeintliche strukturelle Unterschiede zwischen Menschen und Affen bestehen, auf die so viel Wert gelegt wurde, dass sie einer sorgfältigen Betrachtung bedürfen, damit den wahren Werten den realen und deren Leere zugeschrieben werden kann diejenigen, die fiktiv sind, können offengelegt werden. Ich beziehe mich auf die Charaktere der Hand, des Fußes und des Gehirns.

Der Mensch wurde als das einzige Tier definiert, das zwei Hände als Enden seiner Vorderbeine und zwei Füße als Enden seiner Hinterbeine besaß, während gesagt wurde, dass alle Affen vier Hände besitzen; und es wurde bestätigt, dass er sich grundlegend von allen Affen in den Merkmalen seines Gehirns unterscheidet, das allein, wie seltsamerweise immer wieder behauptet wurde, die Strukturen aufweist , die den Anatomen als Hinterlappen, hinteres Cornu des Seitenventrikels bekannt sind und der Hippocampus Minor.

Dass der erstere Vorschlag allgemeine Akzeptanz gefunden hat, ist nicht überraschend – in der Tat spricht auf den ersten Blick alles für ihn; aber was den zweiten betrifft, kann man den überragenden Mut seines Verkünders nur bewundern, da es sich um eine Neuerung handelt Dies steht nicht nur im Widerspruch zu allgemein und zu Recht akzeptierten Lehren, sondern wird auch durch die Aussagen aller ursprünglichen Forscher, die die Angelegenheit speziell untersucht haben, direkt negiert: und dass es weder durch ein einziges anatomisches Präparat gestützt wurde noch gestützt werden kann. Tatsächlich wäre es einer ernsthaften Widerlegung nicht würdig, es sei denn, es gäbe die allgemeine und natürliche Überzeugung, dass bewusste und wiederholte Behauptungen eine gewisse Grundlage haben müssen.

Bevor wir den ersten Punkt sinnvoll diskutieren können, müssen wir die Struktur der menschlichen Hand und die des menschlichen Fußes mit einiger Aufmerksamkeit betrachten und miteinander vergleichen, damit wir klare und klare Vorstellungen davon haben, was eine Hand ausmacht und was eine Fußball.

Die äußere Form der menschlichen Hand ist jedem bekannt genug . Es besteht aus einem kräftigen Handgelenk, gefolgt von einer breiten Handfläche aus Fleisch, Sehnen und Haut, die vier Knochen zusammenhält und sich in vier lange und flexible Finger oder Finger teilt, von denen jeder auf der Rückseite seines letzten Gelenks aufliegt ein breiter und abgeflachter Nagel. Der längste Spalt zwischen zwei Fingern ist etwas weniger als halb so lang wie die Hand. Von der Außenseite der Basis der Handfläche geht ein kräftiger Finger ab, der nur zwei statt drei Gelenke hat; so kurz, dass es nur wenig über die Mitte des ersten Gelenks des nächsten Fingers hinausreicht; und noch bemerkenswerter ist seine große Beweglichkeit, wodurch er fast im rechten Winkel zum Rest nach außen gerichtet werden kann. Diese Ziffer wird „Pollex" oder Daumen genannt; und wie die anderen trägt es einen flachen Nagel auf der Rückseite seines Endgelenks. Aufgrund der Proportionen und der Beweglichkeit des Daumens wird er als „opponierbar" bezeichnet; mit anderen Worten, sein Ende kann mit größter Leichtigkeit mit den Enden eines beliebigen Fingers in Kontakt gebracht werden; eine Eigenschaft, von der die Möglichkeit, dass wir die Vorstellungen des Geistes in die Tat umsetzen, weitgehend abhängt .

Die äußere Form des Fußes weicht stark von der der Hand ab; und doch weisen die beiden bei genauerem Vergleich einige einzigartige Ähnlichkeiten auf. Somit korrespondiert der Knöchel in gewisser Weise mit dem Handgelenk; die Sohle mit der Handfläche; die Zehen mit den Fingern; die große Zehe mit dem Daumen. Aber die Zehen oder Finger des Fußes sind im Verhältnis viel kürzer als die Finger der Hand und weniger beweglich, wobei der Mangel an Beweglichkeit am stärksten bei der großen Zehe auffällt, die wiederum im Verhältnis dazu sehr viel größer ist die anderen Zehen als der Daumen bis zu den Fingern. Bei der Betrachtung dieses Punktes darf jedoch nicht vergessen werden, dass die zivilisierte große Zehe, die von Kindheit an eingeschränkt und verkrampft ist, als sehr benachteiligt angesehen wird und dass sie bei unzivilisierten und barfüßigen Menschen einen großen Teil ihrer Beweglichkeit, wenn nicht sogar einige, behält eine Art Widersprüchlichkeit. Den chinesischen Bootsleuten wird nachgesagt, dass sie ein Ruder ziehen könnten; die Handwerker von Bengalen webten und die Carajas stahlen mit seiner Hilfe Angelhaken; Allerdings muss man sich schließlich daran erinnern, dass die Struktur seiner Gelenke und die Anordnung seiner Knochen zwangsläufig dazu führen, dass seine Greiffunktion weitaus weniger perfekt ist als die des Daumens.

Aber um eine genaue Vorstellung von den Ähnlichkeiten und Unterschieden von Hand und Fuß und von den besonderen Merkmalen beider zu bekommen, müssen wir unter die Haut schauen und das knöcherne Gerüst und seinen motorischen Apparat vergleichen (Abb. 18).

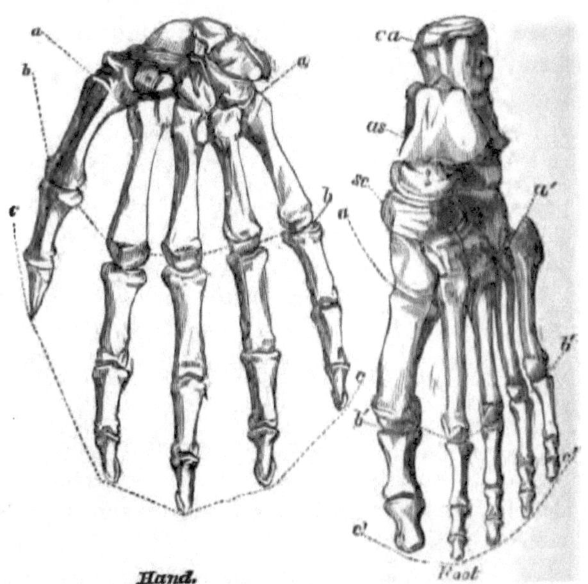

FIG. 19.—The skeleton of the Hand and Foot of Man reduced from Dr.
Carter's drawings in Gray's 'Anatomy.' The hand is drawn to a larger scale
than the foot. The line *a a* in the hand indicates the boundary between the

Das Skelett der Hand weist in der Region, die wir Handgelenk nennen und die technisch „Handwurzel" genannt wird, zwei Reihen eng anliegender, vieleckiger Knochen auf, vier in jeder Reihe, die einigermaßen gleich groß sind. Die Knochen der ersten Reihe bilden zusammen mit den Knochen des Unterarms das Handgelenk und sind nebeneinander angeordnet, sodass keiner den Rest wesentlich überragt oder überlappt.

Die vier Knochen der zweiten Handwurzelreihe tragen die vier Röhrenknochen, die die Handfläche stützen. Der fünfte Knochen gleicher Art ist mit seinem Handwurzelknochen viel freier und beweglicher als die anderen artikuliert und bildet die Basis des Daumens. Diese werden „Mittelhandknochen" genannt und tragen die „Phalangen" oder Fingerknochen, von denen es zwei im Daumen und drei in jedem Finger gibt.

Das Fußskelett ähnelt in mancher Hinsicht stark dem der Hand. So gibt es in jeder der kleinen Zehen drei Fingerglieder und in der großen Zehe, die dem Daumen entspricht, nur zwei. Für jeden Finger gibt es einen langen Knochen, der „Mittelfußknochen" genannt wird und dem Mittelhandknochen entspricht. und der „Tarsus", der der Handwurzel entspricht, weist vier kurze, vieleckige Knochen in einer Reihe auf, die sehr genau mit den vier Handwurzelknochen der zweiten Reihe der Hand übereinstimmen . Ansonsten unterscheidet sich der Fuß sehr stark von der Hand. Somit ist der große Zeh der längste Finger bis auf einen; und sein

Mittelfußknochen ist weitaus weniger beweglich mit dem Tarsus verbunden als der Mittelhandknochen des Daumens mit der Handwurzel. Ein weitaus wichtigerer Unterschied besteht jedoch darin, dass statt vier weiterer Fußwurzelknochen nur drei vorhanden sind; und dass diese drei nicht nebeneinander oder in einer Reihe angeordnet sind. Einer von ihnen, die Knochen Calcis oder Fersenbein („Ca") liegt außen und sendet die große hervorstehende Ferse zurück; ein anderer, der „Astragalus" („as"), ruht mit einer Seite darauf und bildet mit der anderen Seite mit den Knochen des Beins das Knöchelgelenk; während eine dritte, nach vorne gerichtete Fläche von den drei inneren Fußwurzelknochen der Reihe neben dem Mittelfußknochen durch einen Knochen namens „Kahnbein" („ sc ") getrennt ist.

Somit gibt es einen grundlegenden Unterschied in der Struktur des Fußes und der Hand, der sichtbar wird, wenn man Handwurzel und Fußwurzel gegenüberstellt; und es sind Gradunterschiede erkennbar, wenn man die Proportionen und die Beweglichkeit der Mittelhandknochen und Mittelfußknochen mit ihren jeweiligen Fingern miteinander vergleicht.

Dieselben zwei Klassen von Unterschieden werden deutlich, wenn man die Muskeln der Hand mit denen des Fußes vergleicht.

Drei Hauptgruppen von Muskeln, „Beuger" genannt, beugen die Finger und den Daumen, wie beim Ballen der Faust, und drei Gruppen – die Strecker – strecken sie, wie beim Strecken der Finger. Diese Muskeln sind alle „lange Muskeln"; Das heißt, der fleischige Teil jedes Arms liegt in den Knochen des Arms und ist an diesen befestigt. Am anderen Ende setzt er sich in Sehnen oder abgerundeten Strängen fort, die in die Hand übergehen und schließlich an der Hand befestigt werden Knochen, die bewegt werden sollen. Wenn also die Finger gebeugt werden, ziehen sich die fleischigen Teile der Beugemuskeln der Finger, die im Arm liegen, aufgrund ihrer besonderen Begabung als Muskeln zusammen; und durch Ziehen an den Sehnensträngen, die mit ihren Enden verbunden sind, ziehen sie die Fingerknochen nach unten in Richtung der Handfläche.

Die Hauptbeuger der Finger und des Daumens sind nicht nur lange Muskeln, sondern sie bleiben auch über ihre gesamte Länge hinweg deutlich voneinander unterschieden.

Im Fuß gibt es außerdem drei Hauptbeugemuskeln der Finger oder Zehen und drei Hauptstrecker; aber ein Strecker und ein Beuger sind kurze Muskeln; Das heißt, ihre fleischigen Teile befinden sich nicht im Bein (das dem Arm entspricht), sondern im Rücken und in der Fußsohle – Regionen, die dem Rücken und der Handfläche entsprechen.

Auch hier bleiben die Sehnen des langen Beugers der Zehen und des langen Beugers der großen Zehe, wenn sie die Fußsohle erreichen, nicht voneinander getrennt, wie es bei den Beugern in der Handfläche der Fall ist. aber sie verbinden sich und vermischen sich auf eine sehr merkwürdige Weise – während ihre vereinigten Sehnen einen Hilfsmuskel erhalten, der mit dem Fersenbein verbunden ist.

Aber das vielleicht absolut charakteristischste Merkmal der Fußmuskulatur ist das Vorhandensein des sogenannten „ Peronaeus longus", eines langen Muskels, der am Außenknochen des Beins befestigt ist und seine Sehne zum Außenknöchel hinten und unten sendet an dem es vorbeigeht, und kreuzt dann schräg den Fuß, um an der Basis der großen Zehe befestigt zu werden. Kein Muskel in der Hand entspricht genau diesem Muskel, bei dem es sich im Wesentlichen um einen Fußmuskel handelt.

Zusammenfassend lässt sich sagen: Der Fuß des Menschen unterscheidet sich von seiner Hand durch die folgenden absoluten anatomischen Unterschiede:

1. Durch die Anordnung der Fußwurzelknochen.

2. Durch einen kurzen Beugemuskel und einen kurzen Streckmuskel der Finger.

3. Durch den Besitz des Muskels „ Peronaeus longus".

Und wenn wir feststellen wollen, ob der Endabschnitt eines Gliedes bei anderen Primaten als Fuß oder als Hand zu bezeichnen ist, müssen wir uns an der Anwesenheit oder Abwesenheit dieser Merkmale orientieren und nicht an den bloßen Proportionen und eine größere oder geringere Beweglichkeit der großen Zehe, die unbegrenzt variieren kann, ohne dass sich die Struktur des Fußes grundlegend verändert.

Unter Berücksichtigung dieser Überlegungen wenden wir uns nun den Gliedmaßen des Gorillas zu. Die Endteilung der Vorderbeine stellt keine Schwierigkeit dar – Knochen für Knochen und Muskel für Muskel sind im Wesentlichen wie beim Menschen angeordnet, oder mit geringfügigen Unterschieden, wie sie beim Menschen als Varietäten vorkommen. Die Hand des Gorillas ist ungeschickter, schwerer und hat einen Daumen, der im Verhältnis etwas kürzer ist als der des Menschen; Aber niemand hat jemals daran gezweifelt, dass es sich um eine echte Hand handelt.

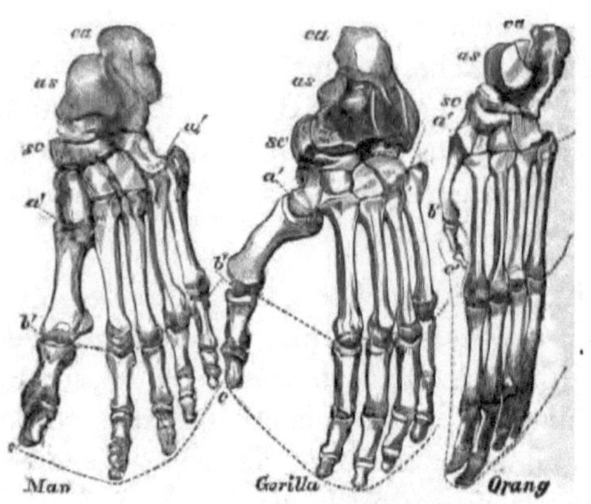

Fig. 20.—Foot of Man, Gorilla, and Orang-Utan of the same absolute
length, to show the differences in proportion of each. Letters as in Fig. 19.
Reduced from original drawings by Mr. Waterhouse Hawkins.

Auf den ersten Blick sieht das Ende der Hinterbeine des Gorillas sehr
handähnlich aus, und da dies bei vielen niederen Affen noch mehr der Fall
ist, ist es nicht verwunderlich, dass die Bezeichnung „Quadrumana" oder
vierhändige Geschöpfe verwendet wird . Von Blumenbach von den älteren
Anatomen 5 übernommen und leider von Cuvier aktuell übernommen, hätte
als Name für die Affengruppe eine so große Akzeptanz finden sollen. Aber
die oberflächlichste anatomische Untersuchung beweist sofort, dass die
Ähnlichkeit der sogenannten „Hinterhand" mit einer echten Hand nur
oberflächlich ist und dass die Hinterhand des Gorillas in allen wesentlichen
Aspekten tatsächlich durch diese endet ein Fuß wie der eines Menschen. Die
Fußwurzelknochen ähneln in allen wichtigen Punkten ihrer Anzahl,
Anordnung und Form denen des Menschen (Abb. 19). Die
Mittelfußknochen und Zehen hingegen sind proportional länger und
schlanker , während die große Zehe nicht nur proportional kürzer und
schwächer ist, sondern ihr Mittelfußknochen durch ein beweglicheres Gelenk
mit der Fußwurzel verbunden ist. Gleichzeitig steht der Fuß schräger auf dem
Bein als beim Menschen.

Da diese Passage im Jahr 1699 veröffentlicht wurde, irrt MIG St. Hilaire
eindeutig, wenn er Buffon die Erfindung des Begriffs „ Quadruma "
zuschreibt, obwohl „ Himanous " möglicherweise zu ihm gehört. Tyson
verwendet „ Quarumanus " an mehreren Stellen, wie auf S. 91.... „Unser ,
Pygmäe ' ist weder ein Mensch noch der ‚gemeine Affe', sondern eine Art
‚Tier' zwischen beiden; und obwohl ein ‚Zweibeiner', so doch von der
‚Quadruma'- Art : obwohl einige." Auch bei „Männern" wurde beobachtet,
dass sie ihre „Füße" wie „Hände" benutzten, wie ich mehrere gesehen habe."

Was die Muskeln betrifft, so gibt es einen kurzen Beuger, einen kurzen
Strecker und einen „ Peronaeus longus", während die Sehnen der langen

Beuger der großen Zehe und der anderen Zehen miteinander und durch ein zusätzliches fleischiges Bündel verbunden sind.

Das Hinterbein des Gorillas endet daher in einem echten Fuß mit einer sehr beweglichen großen Zehe. Es ist zwar ein Greiffuß, aber in keiner Weise eine Hand: Es ist ein Fuß, der sich vom menschlichen Fuß nicht in irgendeiner grundlegenden Beschaffenheit unterscheidet, sondern lediglich in den Proportionen, im Grad der Beweglichkeit und in der sekundären Anordnung seines Fußes Anteile.

Man darf jedoch nicht annehmen, dass ich ihren Wert unterschätzen möchte, weil ich diese Unterschiede als nicht grundlegend bezeichne. Sie sind auf ihre Weise wichtig genug, da die Struktur des Fußes jeweils in enger Korrelation mit der des übrigen Organismus steht. Es kann auch nicht bezweifelt werden, dass die größere Aufteilung der physiologischen Arbeit beim Menschen, so dass die Stützfunktion vollständig auf Bein und Fuß gelegt wird, für ihn einen Fortschritt in der Organisation von sehr großer Bedeutung darstellt; Aber schließlich sind, anatomisch betrachtet, die Ähnlichkeiten zwischen dem Fuß des Menschen und dem Fuß des Gorillas weitaus auffälliger und wichtiger als die Unterschiede.

Ich habe mich ausführlich mit diesem Punkt beschäftigt, weil es sich um einen Punkt handelt, über den viele Täuschungen herrschen; aber ich hätte es ohne Beeinträchtigung meiner Argumentation weglassen können , die von mir lediglich verlangt, zu zeigen, dass die Unterschiede zwischen den Händen und Füßen des Menschen und denen des Gorillas, was auch immer sie sein mögen, seien – die Unterschiede zwischen denen des Gorillas und jenen der niederen Affen sind viel größer.

Um schlüssige Beweise für diesen Punkt zu erhalten, ist es nicht notwendig, auf der Skala tiefer als zum Orang abzusteigen.

Der Daumen des Orangs unterscheidet sich mehr vom Daumen des Gorillas als der Daumen des Gorillas von dem des Menschen, nicht nur durch seine Kürze, sondern auch durch das Fehlen eines besonderen langen Beugemuskels. Der Karpus des Orangs enthält wie der der niedrigsten Menschenaffen neun Knochen, während es beim Gorilla, wie beim Menschen und beim Schimpansen, nur acht sind.

Der Fuß des Orangs (Abb. 19) ist noch abweichender; Seine sehr langen Zehen und kurzen Fußwurzeln, die kurze große Zehe, die kurze und erhöhte Ferse, die große Gelenkschräge im Bein und das Fehlen einer langen Beugesehne zur großen Zehe, wodurch sie viel weiter vom Fuß des Gorillas getrennt ist als die Letzteres ist von dem des Menschen getrennt.

Aber bei einigen niederen Affen weichen Hand und Fuß noch stärker von denen des Gorillas ab als beim Orang. Der Daumen ist bei den amerikanischen Affen nicht mehr opponierbar; ist beim Klammeraffen auf ein bloßes, von der Haut bedecktes Rudiment reduziert; und ist nach vorne gerichtet und mit einer gebogenen Klaue bewaffnet, wie die anderen Finger der Weißbüschelaffen – so dass in all diesen Fällen kein Zweifel bestehen kann, dass die Hand stärker von der des Gorillas abweicht als die Hand des Gorillas Männer.

Und was den Fuß betrifft, so ist der große Zeh des Weißbüschelaffen im Verhältnis noch unbedeutender als der des Orangs – während er bei den Lemuren sehr groß und ebenso vollkommen daumenähnlich und gegensätzlich ist wie beim Gorilla –, aber bei diesen Tieren Die zweite Zehe ist oft unregelmäßig modifiziert, und bei einigen Arten sind auch die beiden Hauptknochen des Tarsus, der „Astragalus" und der Os Os , unregelmäßig verändert calcis ' sind so enorm verlängert, dass der Fuß bisher völlig anders ist als der jedes anderen Säugetiers.

Also im Hinblick auf die Muskulatur. Der kurze Beuger der Zehen des Gorillas unterscheidet sich von dem des Menschen dadurch, dass ein Teil des Muskels nicht am Fersenbein, sondern an den Sehnen der langen Beuger befestigt ist. Die niederen Affen weichen vom Gorilla durch eine Übertreibung desselben Charakters ab, wobei zwei, drei oder mehr Ausrutscher an den langen Beugesehnen befestigt werden – oder durch eine Vervielfachung der Ausrutscher. – Auch hier unterscheidet sich der Gorilla geringfügig vom Menschen in der Art der Verflechtung der langen Beugesehnen: Und die niederen Menschenaffen unterscheiden sich vom Gorilla dadurch, dass sie noch andere, manchmal sehr komplexe Anordnungen derselben Teile aufweisen und gelegentlich das zusätzliche fleischige Bündel fehlen.

Bei all diesen Modifikationen muss berücksichtigt werden, dass der Fuß keines seiner wesentlichen Merkmale verliert. Jeder Affe und Lemur weist die charakteristische Anordnung der Fußwurzelknochen auf, besitzt einen kurzen Beugemuskel und einen kurzen Streckmuskel sowie einen „Peronaeus longus". So unterschiedlich die Proportionen und das Aussehen des Organs auch sein mögen, der Endabschnitt der Hinterbeine bleibt in Grundriss und Konstruktionsprinzip ein Fuß und kann in dieser Hinsicht niemals mit einer Hand verwechselt werden.

Kaum ein Teil des Körperbaus könnte also besser berechnet werden, um die Wahrheit zu veranschaulichen, dass die strukturellen Unterschiede zwischen dem Menschen und dem höchsten Affen von geringerem Wert sind als die zwischen dem höchsten und dem niederen Affen, als die Hand oder der Fuß. und doch gibt es vielleicht ein Organ, dessen Untersuchung die gleiche Schlussfolgerung auf noch eindrucksvollere Weise erzwingt – und das ist das Gehirn.

Doch bevor wir uns mit der genauen Frage nach dem Ausmaß des Unterschieds zwischen dem Gehirn des Affen und dem des Menschen befassen, müssen wir klar verstehen, was einen großen und was einen kleinen Unterschied in der Gehirnstruktur ausmacht; und wir werden hierzu am besten durch eine kurze Untersuchung der Hauptmodifikationen in der Lage sein, die das Gehirn in der Reihe der Wirbeltiere zeigt.

Das Gehirn eines Fisches ist sehr klein im Vergleich zum Rückenmark, in das es sich fortsetzt, und zu den Nerven, die von ihm ausgehen: aus den Segmenten, aus denen es besteht – den Riechlappen, der Gehirnhälfte und den nachfolgenden Spaltungen – niemand dominiert den Rest so sehr, dass er sie verdunkeln oder verdecken könnte; und die sogenannten optischen Lappen sind häufig die größten von allen. Bei Reptilien nimmt die Masse des Gehirns im Vergleich zum Rückenmark zu und die Gehirnhälften beginnen, gegenüber den anderen Teilen zu dominieren; während dieses Vorherrschen bei Vögeln noch ausgeprägter ist. Das Gehirn der niedrigsten Säugetiere, wie des Entenschnabeltiers sowie der Opossums und Kängurus, weist einen noch deutlicheren Fortschritt in die gleiche Richtung auf. Die Großhirnhemisphären haben inzwischen so stark zugenommen, dass sie mehr oder weniger die Vertreter der Sehlappen verbergen, die verhältnismäßig klein bleiben, so dass sich das Gehirn eines Beuteltiers stark von dem eines Vogels, Reptils oder Fisches unterscheidet . Eine Stufe höher auf der Skala, bei den Plazenta-Säugetieren, erfährt die Struktur des Gehirns eine enorme Veränderung – nicht, dass es äußerlich, bei einer Ratte oder einem Kaninchen, viel anders erscheint als bei einem Beuteltier, noch was die Proportionen angeht Einige seiner Teile sind stark verändert, aber zwischen den Großhirnhemisphären findet sich offenbar eine neue Struktur, die sie miteinander verbindet und als „große Kommissur" oder „Corpus callosum" bezeichnet wird. Das Thema erfordert eine sorgfältige erneute Untersuchung, aber wenn die derzeit erhaltenen Aussagen korrekt sind, ist das Auftreten des „Corpus callosum" bei den Plazenta-Säugetieren die größte und plötzlichste Veränderung, die das Gehirn in der gesamten Reihe von Wirbeltieren zeigt – das ist es der größte Sprung, den die Natur jemals in ihrer Gehirnarbeit gemacht hat. Da die beiden Gehirnhälften einst auf diese Weise miteinander verbunden waren, ist der Fortschritt der Gehirnkomplexität durch eine vollständige Reihe von Schritten vom niedrigsten Nagetier oder Insektenfresser bis zum Menschen nachvollziehbar. und diese Komplexität besteht hauptsächlich in der unverhältnismäßigen Entwicklung der Großhirnhemisphären und des Kleinhirns, insbesondere aber der ersteren, im Verhältnis zu den anderen Teilen des Gehirns.

Bei Säugetieren der unteren Plazenta lassen die Großhirnhemisphären die eigentliche obere und hintere Fläche des Kleinhirns vollständig sichtbar, wenn man das Gehirn von oben betrachtet; aber bei den höheren Formen neigt sich der behindernde Teil jeder Hemisphäre, der nur durch das Tentorium (S. 281) von der Vorderfläche des Kleinhirns getrennt ist, nach hinten und unten und wächst als sogenannter „hinterer Lappen" heraus. „um das Kleinhirn endlich zu überlappen und zu verbergen. Bei allen Säugetieren enthält jede Großhirnhemisphäre einen Hohlraum, der „Ventrikel" genannt wird, und da sich dieser Ventrikel einerseits nach vorne und andererseits nach unten in die Substanz der Hemisphäre hinein erstreckt, sagt man, dass er einen Hohlraum hat zwei Hörner oder „ Cornu" , ein „vorderes Cornu " und ein „absteigendes Cornu ". Wenn der hintere Lappen gut entwickelt ist, erstreckt sich eine dritte Erweiterung der Ventrikelhöhle in ihn hinein und wird als „hinteres Cornu " bezeichnet.

Bei den unteren und kleineren Formen plazentarer Säugetiere ist die Oberfläche der Gehirnhälften entweder glatt oder gleichmäßig gerundet oder weist sehr wenige Rillen auf, die technisch „Sulci" genannt werden und Grate oder „Windungen" der Gehirnsubstanz trennen ; und die kleineren Arten aller Ordnungen neigen zu einer ähnlichen Glätte des Gehirns. Aber in den höheren Ordnungen und insbesondere den größeren Mitgliedern dieser Ordnungen werden die Furchen oder Sulci außerordentlich zahlreich und die dazwischenliegenden Windungen in ihren Mäandern verhältnismäßig komplizierter, bis beim Elefanten, dem Tümmler, den höheren Affen, Und beim Menschen erscheint die Gehirnoberfläche als perfektes Labyrinth aus gewundenen Falten .

Wo ein hinterer Lappen vorhanden ist und seinen gewöhnlichen Hohlraum – das hintere Cornu – aufweist, kommt es häufig vor, dass eine bestimmte Furche auf der inneren und unteren Oberfläche des Lappens erscheint, parallel zum und unter dem Boden des Cornu – was sozusagen eine über dem Dach des Sulcus gewölbt. Es ist, als ob die Rille durch Eindrücken des Bodens des Hinterhorns von außen mit einem stumpfen Instrument geformt worden wäre, so dass der Boden als konvexe Erhebung aufsteigen würde. Nun wird diese Eminenz als „Hippocampus Minor" bezeichnet. Der „Hippocampus major" ist eine größere Erhebung im Boden des absteigenden Horns . Welche funktionelle Bedeutung eine dieser Strukturen haben könnte, wissen wir nicht.

Wie um an einem eindrucksvollen Beispiel zu demonstrieren, dass es unmöglich ist, eine Gehirnbarriere zwischen Menschen und Affen zu errichten, hat uns die Natur bei den letzteren Tieren eine fast vollständige Reihe von Abstufungen von Gehirnen geliefert, die kaum höher sind als die eines Nagetiers . zu Gehirnen, die kaum niedriger sind als das des Menschen. Und es ist ein bemerkenswerter Umstand, dass es, soweit unser derzeitiges Wissen reicht, zwar einen echten strukturellen Bruch in der Reihe der Formen des Affengehirns „gibt", dieser Bruch jedoch nicht eine Verbindung zwischen dem Menschen und den menschenähnlichen Affen, sondern zwischen ihnen herstellt die niederen und niedrigsten Affen; oder, mit anderen Worten, zwischen den Alt- und Neuweltaffen und den Lemuren. Tatsächlich ist bei jedem Lemuren, der bisher untersucht wurde, das Kleinhirn teilweise von oben sichtbar und sein Hinterlappen mit dem darin enthaltenen hinteren Cornu und Hippocampus inferior mehr oder weniger rudimentär. Im Gegensatz dazu ist bei jedem Weißbüschelaffen, amerikanischen Affen, Altweltaffen, Pavian oder menschenähnlichen Affen das Kleinhirn hinten vollständig durch die Großhirnlappen verborgen und besitzt ein großes hinteres Horn mit einem gut entwickelten kleinen Hippocampus .

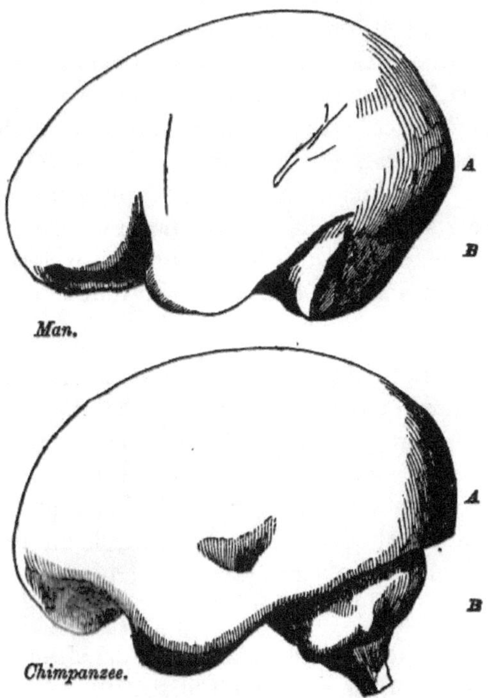

Fig. 21.—Drawings of the internal casts of a Man's and of a Chimpanzee's skull, of the same absolute length, and placed in corresponding positions, A. Cerebrum ; B. Cerebellum. The former drawing is taken from a cast in the Museum of the Royal College of Surgeons, the latter from the photograph

Bei vielen dieser Lebewesen, wie zum Beispiel dem Saimiri („ Chrysothrix "), überlappen sich die Großhirnlappen und erstrecken sich im Verhältnis viel weiter hinter das Kleinhirn als beim Menschen (Abb. 16) – und es ist ziemlich sicher, dass in Insgesamt ist das Kleinhirn hinten vollständig von gut entwickelten Hinterlappen bedeckt. Diese Tatsache kann von jedem bestätigt werden , der den Schädel eines Affen der alten oder neuen Welt besitzt. Denn da das Gehirn bei allen Säugetieren die Schädelhöhle vollständig ausfüllt, ist es offensichtlich, dass ein Abdruck des Schädelinneren die allgemeine Form des Gehirns auf jeden Fall so genau und für den vorliegenden Zweck absolut reproduzieren wird unbedeutende Unterschiede, die aus dem Fehlen der umhüllenden Membranen des Gehirns im trockenen Schädel resultieren können. Wenn jedoch ein solcher Abdruck aus Gips angefertigt und mit einem ähnlichen Abguss des Inneren eines menschlichen Schädels verglichen wird, wird es offensichtlich sein, dass der Abguss der Gehirnkammer, die das Großhirn des Affen darstellt, diese vollständig bedeckt und überlappt Abdruck der Kleinhirnkammer, der wie beim Mann das Kleinhirn darstellt (Abb. 20). Ein unvorsichtiger Beobachter, der vergisst, dass eine weiche Struktur wie das Gehirn ihre richtige Form verliert, sobald sie aus dem Schädel entnommen wird, könnte tatsächlich den unbedeckten Zustand des Kleinhirns eines extrahierten und deformierten Gehirns mit den natürlichen Beziehungen der Teile verwechseln; aber sein Fehler muss selbst ihm selbst offenbar werden, wenn er versucht , das Gehirn in der Schädelkammer zu ersetzen. Anzunehmen, dass das Kleinhirn eines Affen von Natur aus hinten freiliegt, ist ein Missverständnis, das nur mit dem eines Menschen vergleichbar ist, der sich vorstellt, dass die Lungen eines Menschen immer nur einen kleinen Teil der Brusthöhle einnehmen – weil sie dies tun, wenn die Brust geöffnet ist, und Ihre Elastizität wird durch den Luftdruck nicht mehr neutralisiert.

jedem klar werden muss, der einen Abschnitt des Schädels eines Affen oberhalb eines Lemuren untersucht, ohne sich die Mühe zu machen, einen Abdruck davon anzufertigen. Denn in jedem solchen Schädel gibt es eine sehr ausgeprägte Rille, wie auch im menschlichen Schädel – die die Verbindungslinie dessen anzeigt, was man „Tentorium" nennt – eine Art pergamentähnliches Regal oder eine Trennwand, die im jüngsten Zustand , liegt zwischen Großhirn und Kleinhirn und verhindert, dass ersteres auf letzteres drückt. (Siehe Abb. 16.)

Diese Rille zeigt daher die Trennlinie zwischen dem Teil der Schädelhöhle an, der das Großhirn enthält, und dem Teil, der das Kleinhirn enthält; und da das Gehirn genau die Schädelhöhle ausfüllt, ist es offensichtlich, dass die Beziehungen dieser beiden Teile der Schädelhöhle uns sofort über die Beziehungen ihres Inhalts informieren. Nun ist beim Menschen, in allen Simiae der alten Welt und in allen Simiae der neuen Welt , mit einer Ausnahme, wenn das Gesicht nach vorne gerichtet ist, diese Befestigungslinie des Tentoriums oder Abdrucks für den Sinus lateralis, wie es technisch heißt genannt, ist nahezu horizontal und die Großhirnkammer überlappt oder ragt ausnahmslos hinter die Kleinhirnkammer hinaus. Beim Brüllaffen oder „ Mycetes " (siehe Abb. 16) verläuft die Linie schräg nach oben und hinten, und die Gehirnüberlappung ist fast gleich Null; während bei den Lemuren, wie auch bei den niederen Säugetieren, die Linie viel mehr in derselben Richtung geneigt ist und die Kleinhirnkammer beträchtlich über die Großhirnkammer hinausragt.

Wenn die schwerwiegendsten Fehler in Bezug auf Punkte, die so leicht zu klären sind wie diese Frage bezüglich der Hinterlappen, mit Autorität vorgebracht werden können, ist es kein Wunder, dass Beobachtungsfragen, die keinen sehr komplexen Charakter haben, aber dennoch ein gewisses Maß an Sorgfalt erfordern, schlechter ergangen sind. Wer den hinteren Lappen im Gehirn eines Affen nicht sehen kann, wird wahrscheinlich keine sehr wertvolle Meinung über das hintere Cornu oder den Hippocampus Minor abgeben . Wenn jemand eine Kirche nicht sehen kann, ist es absurd, seine Meinung über ihr Altarbild oder bemaltes Fenster zu vertreten – so dass ich mich nicht verpflichtet fühle, mich auf eine Diskussion dieser Punkte einzulassen, sondern mich damit begnüge, dem Leser zu versichern, dass dies der Fall ist Cornu und der Hippocampus minor wurden inzwischen – normalerweise mindestens so gut entwickelt wie beim Menschen und oft sogar besser – nicht nur beim Schimpansen, Orang und Gibbon, sondern bei allen Gattungen der Altweltpaviane und anderen beobachtet Affen und in den meisten neuen Weltformen, einschließlich der Weißbüschelaffen.

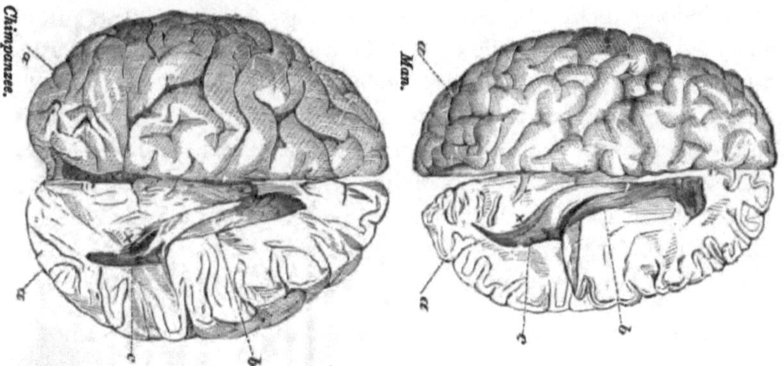

Fig. 22.—Drawings of the cerebral hemispheres of a Man and of a Chimpanzee of the same length, in order to show the relative proportions of the parts ; the former taken from a specimen, which Mr. Flower, Conservator of the Museum of the Royal College of Surgeons, was good enough to dissect for me ; the latter, from the photograph of a similarly dissected Chimpanzee's brain, given in Mr. Marshall's paper above referred to. a, posterior lobe ; b, lateral ventricle ; c, posterior cornu ; x, the hippocampus minor.

Tatsächlich führen alle zahlreichen und zuverlässigen Beweise (die aus den Ergebnissen sorgfältiger Untersuchungen erfahrener Anatomen zur Klärung genau dieser Fragen bestehen), die wir jetzt besitzen, zu der Überzeugung, dass der hintere Lappen so weit vom hinteren Lappen entfernt ist Cornu und Hippocampus inferior sind dem Menschen eigentümliche und charakteristische Strukturen, wie immer wieder behauptet wurde, selbst nach der Veröffentlichung des klarsten Nachweises des Gegenteils sind es gerade diese Strukturen, die am deutlichsten ausgeprägt sind Gehirnmerkmale, die dem Menschen und den Affen gemeinsam sind. Sie gehören zu den deutlichsten affentypischen Besonderheiten, die der menschliche Organismus aufweist.

Was die Windungen betrifft, so weisen die Gehirne der Affen alle Entwicklungsstadien auf, vom fast glatten Gehirn des Weißbüschelaffen bis zum Orang und Schimpansen, die nur wenig unter dem Menschen liegen. Und es ist höchst bemerkenswert, dass, sobald alle Hauptfurchen erscheinen, das Muster, nach dem sie angeordnet sind, mit dem der entsprechenden Sulci des Menschen identisch ist. Die Oberfläche des Gehirns eines Affen zeigt eine Art Skelettkarte des menschlichen Gehirns, und bei den menschenähnlichen Affen werden die Details immer mehr ausgefüllt, bis sie nur noch in Nebenzeichen zu sehen sind, wie etwa der größeren Aushöhlung der Vorderlappen , das ständige Vorhandensein von Rissen, die normalerweise beim Menschen fehlen, und die unterschiedliche Anordnung und Proportionen einiger Windungen ermöglichen es, das Gehirn des Schimpansen oder Orangs strukturell vom menschlichen Gehirn zu unterscheiden.

Was die Gehirnstruktur betrifft, ist es daher klar, dass der Mensch sich weniger vom Schimpansen oder Orang unterscheidet, als diese es sogar von den Affen tun, und dass der Unterschied zwischen den Gehirnen des Schimpansen und des Menschen im Vergleich fast unbedeutend ist mit dem zwischen dem Gehirn eines Schimpansen und dem eines Lemuren.

Es darf jedoch nicht übersehen werden, dass es einen sehr auffälligen Unterschied in absoluter Masse und Gewicht zwischen dem niedrigsten menschlichen Gehirn und dem des höchsten Affen gibt – ein Unterschied, der umso bemerkenswerter ist, wenn wir uns daran erinnern, dass dies wahrscheinlich bei einem ausgewachsenen Gorilla der Fall ist ziemlich fast doppelt so schwer wie ein Bosjes- Mann oder so mancher Europäer. Es kann bezweifelt werden, ob das Gehirn eines gesunden erwachsenen Menschen jemals weniger als 31 oder 2 Unzen wog, oder ob das schwerste Gorilla-Gehirn mehr als 20 Unzen wog.

Dies ist ein sehr bemerkenswerter Umstand und wird zweifellos eines Tages dazu beitragen, die große Kluft zu erklären, die zwischen dem niedrigsten Menschen und dem Affen mit der höchsten intellektuellen Leistungsfähigkeit besteht. 6 aber es hat wenig systematischen Wert, aus dem einfachen Grund, dass, wie aus dem bereits Gesagten bezüglich der Schädelkapazität geschlossen werden kann, der Unterschied im Gewicht des Gehirns zwischen den höchsten und den niedrigsten Männern sowohl relativ als auch absolut weitaus größer ist. als das zwischen dem niedrigsten Menschen und dem höchsten Affen. Letzteres wird, wie wir gesehen haben, beispielsweise durch zwölf Unzen Gehirnsubstanz absolut oder durch 32:20 relativ dargestellt; Da aber das größte aufgezeichnete menschliche Gehirn zwischen 65 und 66

Unzen wog, beträgt der erstere Unterschied mehr als 33 Unzen absolut oder 65:32 relativ. Bei systematischer Betrachtung haben die Gehirnunterschiede zwischen Menschen und Affen nicht mehr als generischen Wert; Sein Familienunterschied beruhte hauptsächlich auf seinem Gebiss, seinem Becken und seinen unteren Gliedmaßen.

Ein stumm geborener Mann wäre ungeachtet seiner großen Gehirnmasse und seiner Vererbung starker intellektueller Instinkte kaum zu höheren intellektuellen Manifestationen fähig als ein Orang oder ein Schimpanse, wenn er auf die Gesellschaft stummer Gefährten beschränkt wäre. Und doch gibt es möglicherweise nicht den geringsten erkennbaren Unterschied zwischen seinem Gehirn und dem eines hochintelligenten und kultivierten Menschen. Die Stummheit könnte die Folge einer fehlerhaften Struktur des Mundes oder der Zunge oder einer fehlerhaften Innervation dieser Teile sein; oder es könnte die Folge einer angeborenen Taubheit sein, die durch einen winzigen Defekt des Innenohrs verursacht wird, den nur ein sorgfältiger Anatom entdecken kann.

Das Argument, dass, weil zwischen der Intelligenz eines Menschen und der eines Affen ein enormer Unterschied besteht, es daher einen ebenso großen Unterschied zwischen ihren Gehirnen geben muss, scheint mir ungefähr so begründet zu sein wie die Argumentation, mit der man den Beweis anstreben sollte dass es zwischen den beiden Uhren eine große strukturelle Lücke gibt, da zwischen einer Uhr, die die Zeit genau anzeigt, und einer anderen, die überhaupt nicht geht, eine „große Kluft" besteht. Ein Haar in der Unruh, ein wenig Rost an einem Ritzel, eine Biegung in einem Zahn der Hemmung, etwas, das so geringfügig ist, dass nur das geübte Auge des Uhrmachers es entdecken kann, könnte die Ursache für den ganzen Unterschied sein.

Und da ich wie Cuvier davon überzeugt bin, dass der Besitz einer artikulierten Sprache das große Unterscheidungsmerkmal des Menschen ist (sei es ihm absolut eigen oder nicht), fällt es mir sehr leicht zu verstehen, dass es einen ebenso unauffälligen strukturellen Unterschied geben kann waren die Hauptursache für die unermessliche und praktisch unendliche Divergenz des Menschen vom Affen-Stirps.

Unabhängig davon, welches Organsystem untersucht werden soll, führt der Vergleich ihrer Modifikationen in der Affenreihe zu ein und demselben Ergebnis: dass die strukturellen Unterschiede, die den Menschen vom Gorilla und dem Schimpansen unterscheiden, nicht so groß sind wie die Unterschiede zwischen dem Gorilla und dem Schimpansen die niederen Affen.

Aber wenn ich diese wichtige Wahrheit zum Ausdruck bringe, muss ich mich vor Missverständnissen hüten, die weit verbreitet sind. Ich finde in der Tat, dass diejenigen, die zu lehren versuchen , was uns die Natur in dieser

Angelegenheit so deutlich zeigt, Gefahr laufen, dass ihre Meinungen falsch dargestellt und ihre Ausdrucksweise verstümmelt wird, bis sie scheinbar sagen, dass die strukturellen Unterschiede zwischen dem Menschen und sogar den höchsten Affen bestehen sind klein und unbedeutend. Lassen Sie mich diese Gelegenheit nutzen, um im Gegenteil deutlich zu behaupten, dass sie groß und bedeutsam sind; dass jeder Knochen eines Gorillas Merkmale trägt, anhand derer er vom entsprechenden Knochen eines Menschen unterschieden werden könnte; und dass in der gegenwärtigen Schöpfung jedenfalls kein Zwischenglied die Kluft zwischen „Homo" und „Troglodytes" überbrückt.

Es wäre nicht weniger falsch als absurd, die Existenz dieser Kluft zu leugnen; aber es ist mindestens ebenso falsch und absurd, seine Größe zu übertreiben und sich, auf der anerkannten Tatsache seiner Existenz beruhend, zu weigern, zu untersuchen, ob es weit oder eng ist. Denken Sie, wenn Sie so wollen, daran, dass zwischen dem Menschen und dem Gorilla keine Verbindung besteht, aber vergessen Sie nicht, dass es zwischen dem Gorilla und dem Orang eine nicht weniger scharfe Grenzlinie, ein nicht weniger völliges Fehlen jeglicher Übergangsform gibt . oder der Orang und der Gibbon. Ich sage, nicht weniger scharf, obwohl es etwas schmaler ist. Die strukturellen Unterschiede zwischen dem Menschen und den menschenähnlichen Affen rechtfertigen es sicherlich, ihn als eine von ihnen getrennte Familie zu betrachten; Da er sich jedoch weniger von ihnen unterscheidet als sie von anderen Familien derselben Ordnung, kann es keine Rechtfertigung dafür geben, ihn einer bestimmten Ordnung zuzuordnen.

Und so wird die kluge Voraussicht des großen Gesetzgebers der systematischen Zoologie, Linné, gerechtfertigt, und ein Jahrhundert anatomischer Forschung bringt uns zurück zu seiner Schlussfolgerung, dass der Mensch ein Mitglied derselben Ordnung ist (für die der Linné-Begriff PRIMATEN gelten sollte). erhalten geblieben) wie die Affen und Lemuren. Diese Ordnung ist nun in sieben Familien von ungefähr gleichem systematischen Wert unterteilbar: Die erste, die ANTHROPINI, enthält nur den Menschen; der zweite, der CATARHINI, umarmt die Affen der alten Welt; der dritte, der PLATYRHINI, alle Neuweltaffen außer den Weißbüschelaffen; der vierte, der ARCTOPITHECINI, enthält die Weißbüschelaffen; die fünfte, die LEMURINI, die Lemuren – von denen „ Cheiromys " wahrscheinlich ausgeschlossen werden sollte, um eine sechste eigenständige Familie zu bilden, die CHEIROMYINI; während der siebte, der GALEOPITHECINI, nur den fliegenden Lemuren „ Galeopithecus " enthält – eine seltsame Form, die fast an die Fledermäuse erinnert, da der „ Cheiromys " ein Nagetierkleid anzieht und die Lemuren Insektenfresser simulieren .

Vielleicht präsentiert uns keine Ordnung der Säugetiere eine so außergewöhnliche Abfolge von Abstufungen wie diese – sie führt uns unmerklich von der Krone und dem Gipfel der tierischen Schöpfung hinab zu Geschöpfen, von denen es, wie es scheint, nur eine Stufe bis zum niedrigsten, kleinsten gibt und die am wenigsten intelligente der plazentaren Mammalia. Es ist, als hätte die Natur selbst die Arroganz des Menschen vorhergesehen und mit römischer Strenge dafür gesorgt, dass sein Intellekt durch seine Triumphe die Sklaven in den Vordergrund ruft und den Eroberer ermahnt, dass er nur Staub ist.

Dies sind die Hauptfakten und die unmittelbare Schlussfolgerung daraus, auf die ich zu Beginn dieses Aufsatzes hingewiesen habe. Ich glaube, dass die Tatsachen nicht bestritten werden können; und wenn ja, scheint mir die Schlussfolgerung unvermeidlich zu sein.

Aber wenn der Mensch durch keine größere strukturelle Barriere von den Tieren getrennt ist als sie voneinander – dann scheint daraus zu folgen, dass, wenn irgendein Prozess physikalischer Ursache entdeckt werden kann, durch den die Gattungen und Familien gewöhnlicher Tiere hervorgebracht wurden, dieser Prozess Der Kausalzusammenhang reicht völlig aus, um den Ursprung des Menschen zu erklären. Mit anderen Worten, wenn gezeigt werden könnte, dass beispielsweise die Weißbüschelaffen durch allmähliche Modifikation der gewöhnlichen Platyrhini entstanden sind oder dass sowohl Weißbüschelaffen als auch Platyrhini modifizierte Zweige eines primitiven Bestands sind – dann gäbe es keinen rationalen Grund zum Zweifeln dass der Mensch im einen Fall durch die allmähliche Veränderung eines menschenähnlichen Affen entstanden sein könnte; oder, im anderen Fall, als Verzweigung desselben primitiven Stammes wie diese Affen.

Zum gegenwärtigen Zeitpunkt gibt es für einen solchen Prozess physikalischer Kausalität keine Beweise ; oder mit anderen Worten, es gibt nur eine Hypothese über den Ursprung von Tierarten im Allgemeinen, die wissenschaftlich existiert – die von Herrn Darwin aufgestellte. Denn Lamarck, so scharfsinnig viele seiner Ansichten auch waren, vermischte sie mit so viel Grobheit und sogar Absurdität, dass der Nutzen, den seine Originalität hätte bringen können, zunichte gemacht wurde, wenn er ein nüchternerer und vorsichtigerer Denker gewesen wäre; und obwohl ich von der Ankündigung einer Formel gehört habe, die „das geordnete kontinuierliche Werden organischer Formen" betrifft, ist es offensichtlich, dass es die erste Pflicht einer Hypothese ist, verständlich zu sein, und dass ein qua-qua-versaler Satz von Diese Art, die mit genau der gleichen Bedeutung rückwärts, vorwärts oder seitwärts gelesen werden kann, existiert nicht wirklich, auch wenn es so scheint.

Im gegenwärtigen Moment löst sich daher die Frage nach der Beziehung des Menschen zu den niederen Tieren letztendlich in die größere Frage der Haltbarkeit oder Unhaltbarkeit von Herrn Darwins Ansichten auf. Aber hier betreten wir schwieriges Terrain und es liegt an uns, unsere genaue Position mit größter Sorgfalt zu bestimmen.

Ich denke, es kann nicht bezweifelt werden, dass Herr Darwin zufriedenstellend bewiesen hat, dass das, was er Selektion oder selektive Modifikation nennt, in der Natur vorkommen muss und auch vorkommt; und er hat auch überflüssigerweise bewiesen, dass eine solche Selektion in der Lage ist, Formen zu erzeugen, die strukturell so unterschiedlich sind, wie es einige Gattungen sogar sind. Wenn uns die belebte Welt nur strukturelle Unterschiede bieten würde, würde ich ohne zu zögern sagen, dass Herr Darwin die Existenz einer echten physikalischen Ursache nachgewiesen hat, die hinreichend kompetent ist, um die Entstehung lebender Arten und unter anderem des Menschen zu erklären .

Aber zusätzlich zu ihren strukturellen Unterschieden weisen die Tier- und Pflanzenarten, oder zumindest eine große Anzahl von ihnen, physiologische Merkmale auf – sogenannte unterschiedliche Arten, die strukturell zumeist völlig unfähig sind, sich mit ihnen zu vermehren ein anderer; oder wenn sie sich fortpflanzen, ist das resultierende Maultier oder der Hybrid nicht in der Lage, seine Rasse mit einem anderen Hybrid der gleichen Art aufrechtzuerhalten.

Eine wahre physikalische Ursache wird jedoch nur unter einer Bedingung als solche anerkannt – dass sie alle Phänomene erklärt, die in ihren Wirkungsbereich fallen. Wenn es mit einem bestimmten Phänomen unvereinbar ist, muss es abgelehnt werden; Wenn es ein Phänomen nicht erklären kann, ist es insoweit schwach, insoweit nicht zu vermuten; obwohl es durchaus das Recht haben kann, eine vorläufige Annahme zu verlangen.

Nun steht die Hypothese von Herrn Darwin meines Wissens nicht im Widerspruch zu irgendeiner bekannten biologischen Tatsache; im Gegenteil, wenn sie zugelassen werden, werden die Tatsachen der Entwicklung, der vergleichenden Anatomie, der geographischen Verbreitung und der Paläontologie miteinander verbunden und weisen eine Bedeutung auf, die sie noch nie zuvor hatten; und ich für meinen Teil bin völlig davon überzeugt, dass diese Hypothese, wenn sie nicht genau wahr ist, der Wahrheit ebenso nahe kommt wie beispielsweise die kopernikanische Hypothese der wahren Theorie der Planetenbewegungen.

Aber trotz alledem muss unsere Annahme der Darwinschen Hypothese vorläufig sein, solange ein Glied in der Beweiskette fehlt; und solange alle Tiere und Pflanzen, die mit Sicherheit durch selektive Züchtung aus einem gemeinsamen Stamm hervorgegangen sind, fruchtbar sind und ihre

Nachkommen untereinander fruchtbar sind, wird diese Verbindung fehlen. Denn so lange wird sich die selektive Züchtung nicht als geeignet erweisen, alles zu tun, was zur Erzeugung natürlicher Arten erforderlich ist.

Ich habe diese Schlussfolgerung dem Leser so deutlich wie möglich dargelegt, denn die letzte Position, in der ich mich befinden möchte, ist die eines Anwalts für Herrn Darwins oder andere Ansichten – wenn mit einem Anwalt jemand gemeint ist, dessen Sache es ist um echte Schwierigkeiten zu glätten und zu überzeugen, wo er nicht überzeugen kann.

Um Herrn Darwin gerecht zu werden, muss man jedoch zugeben, dass die Bedingungen für Fruchtbarkeit und Unfruchtbarkeit sehr schlecht verstanden sind und dass der tägliche Fortschritt des Wissens uns dazu bringt, die Lücke in seinen Beweisen als immer weniger wichtig zu betrachten, wenn sie einmal gesetzt ist gegen die Vielzahl von Tatsachen, die mit seinen Lehren übereinstimmen oder durch sie erklärt werden.

Ich übernehme daher die Hypothese von Herrn Darwin unter der Voraussetzung, dass der Beweis erbracht wird, dass physiologische Arten durch selektive Züchtung erzeugt werden können; So wie ein physikalischer Philosoph die Wellentheorie des Lichts akzeptieren kann, sofern der Beweis für die Existenz des hypothetischen Äthers vorliegt; oder wie der Chemiker die Atomtheorie übernimmt, vorbehaltlich des Beweises der Existenz von Atomen; und zwar aus genau den gleichen Gründen, nämlich, dass es eine immense Prima-facie-Wahrscheinlichkeit hat: dass es derzeit das einzige Mittel ist, das erreichbar ist, um das Chaos der beobachteten Tatsachen in Ordnung zu bringen; und schließlich, dass es sich um das mächtigste Untersuchungsinstrument handelt, das Naturforschern seit der Erfindung des natürlichen Klassifikationssystems und dem Beginn der systematischen Untersuchung der Embryologie zur Verfügung gestellt wurde.

Aber selbst wenn man Mr. Darwins Ansichten beiseite lässt, liefert die ganze Analogie der natürlichen Vorgänge ein so vollständiges und erdrückendes Argument gegen das Eingreifen anderer als der sogenannten sekundären Ursachen in die Entstehung aller Phänomene des Universums; dass ich angesichts der engen Beziehungen zwischen dem Menschen und dem Rest der lebenden Welt sowie zwischen den von letzteren ausgeübten Kräften und allen anderen Kräften keine Entschuldigung dafür sehe, daran zu zweifeln, dass es sich bei allen um koordinierte Bedingungen des großen Fortschritts der Natur handelt . vom Formlosen zum Geformten – vom Anorganischen zum Organischen – von der blinden Kraft zum bewussten Intellekt und Willen.

Die Wissenschaft hat ihre Aufgabe erfüllt, wenn sie die Wahrheit ermittelt und verkündet hat; Und wenn diese Seiten nur an Männer der Wissenschaft gerichtet wären, würde ich diesen Aufsatz jetzt schließen, wohlwissend, dass meine Kollegen gelernt haben, nichts als Beweise zu respektieren und zu glauben, dass ihre höchste Pflicht darin besteht, sich ihnen zu unterwerfen, wie sehr sie auch im Widerspruch zu ihren Neigungen stehen mögen .

Aber da ich, wie ich es tue, den größeren Kreis der intelligenten Öffentlichkeit erreichen möchte, wäre es unwürdige Feigheit, wenn ich den Widerwillen außer Acht lassen würde, mit dem die Mehrheit meiner Leser wahrscheinlich auf die Schlussfolgerungen stoßen wird, zu denen ich selbst mit größter Sorgfalt und Gewissenhaftigkeit studiere zu dieser Angelegenheit beitragen konnte, hat mich geführt.

Von allen Seiten werde ich den Schrei hören: „Wir sind Männer und Frauen, keine bessere Mutteraffenart, etwas länger an den Beinen, kompakter an den Füßen und größer im Gehirn als eure brutalen Schimpansen und Gorillas. Die Macht." des Wissens – das Gewissen von Gut und Böse – die erbärmliche Zärtlichkeit menschlicher Zuneigungen heben uns aus jeder wirklichen Gemeinschaft mit den Unmenschen heraus, wie nahe sie uns auch scheinen mögen."

Darauf kann ich nur antworten, dass der Ausruf höchst gerecht wäre und mein ganzes Mitgefühl fände, wenn er nur relevant wäre. Aber ich bin es nicht, der versucht, die Würde des Menschen auf seinem großen Zeh zu begründen oder zu unterstellen, dass wir verloren sind, wenn ein Affe einen kleinen Hippocampus hat. Im Gegenteil, ich habe mein Bestes getan, um diese Eitelkeit hinwegzufegen. Ich habe mich bemüht zu zeigen, dass zwischen der Tierwelt und uns selbst keine absolute strukturelle Demarkationslinie gezogen werden kann, die breiter ist als die zwischen den Tieren, die uns auf der Skala unmittelbar folgen; und ich möchte noch den Ausdruck meines Glaubens hinzufügen, dass der Versuch, eine psychische Unterscheidung zu treffen, ebenso vergeblich ist und dass sogar die höchsten Fähigkeiten des Gefühls und des Intellekts in niederen Lebensformen zu keimen beginnen. 7 Gleichzeitig ist niemand stärker als ich von der enormen Kluft zwischen dem zivilisierten Menschen und den Unmenschen überzeugt; oder es ist sicherer, dass er, ob „von" ihnen oder nicht, ganz gewiss nicht „von" ihnen ist. Niemand ist weniger geneigt, leichtfertig über die gegenwärtige Würde des einzigen bewusst intelligenten Bürgers dieser Welt nachzudenken oder über die künftigen Hoffnungen.

In der Tat sagen uns diejenigen, die in diesen Angelegenheiten Autorität haben, dass die beiden Meinungen unvereinbar sind und dass der Glaube an die Einheit des Ursprungs von Mensch und Tier mit der Verrohung und Erniedrigung der ersteren einhergeht. Aber ist das wirklich so? Könnte ein sensibles Kind nicht durch offensichtliche Argumente verwirrt werden, die oberflächlichen Rhetoriker, die uns diese Schlussfolgerung aufzwingen würden? Ist es tatsächlich wahr, dass der Dichter, der Philosoph oder der

Künstler, dessen Genie der Ruhm seiner Zeit ist, durch die unbestrittene historische Wahrscheinlichkeit, um nicht zu sagen Gewissheit, dass er der direkte Nachkomme ist, von seinem hohen Stand herabgestuft wird? von einem nackten und bestialischen Wilden, dessen Intelligenz gerade ausreichte, um ihn ein wenig schlauer als den Fuchs und um so viel gefährlicher als den Tiger zu machen? Oder muss er aufgrund der völlig unbestreitbaren Tatsache, dass er einst ein Ei war, das kein normales Unterscheidungsvermögen von dem eines Hundes unterscheiden konnte, auf allen Vieren heulen und kriechen? Oder soll der Philanthrop oder der Heilige seine Bemühungen , ein edles Leben zu führen, aufgeben , weil das einfachste Studium der menschlichen Natur in ihren Grundlagen alle selbstsüchtigen Leidenschaften und wilden Begierden des bloßen Vierbeiners offenbart? Ist Mutterliebe abscheulich, weil eine Henne sie zeigt, oder ist Treue niederträchtig, weil Hunde sie besitzen?

Der gesunde Menschenverstand der Masse der Menschheit wird diese Fragen ohne zu zögern beantworten. Eine gesunde Menschheit, der es schwerfällt, wirklicher Sünde und Erniedrigung zu entkommen, wird das Grübeln über spekulative Verschmutzung den Zynikern und den „übermäßig Gerechten" überlassen, die in allem anderen uneinig sind und sich in blinder Unempfindlichkeit gegenüber dem Adel der sichtbaren Welt vereinen. und in der Unfähigkeit, die Größe des Platzes zu würdigen, den der Mensch dort einnimmt.

Mehr noch: nachdenkliche Männer, die erst einmal den blendenden Einflüssen traditioneller Vorurteile entkommen sind, werden in der schwachen Abstammung, wenn dieser Mann hervorgegangen ist, den besten Beweis für die Großartigkeit seiner Fähigkeiten finden; und wird in seinem langen Weg durch die Vergangenheit eine vernünftige Grundlage für den Glauben an das Erreichen einer edlen Zukunft erkennen.

zivilisierten Menschen mit der Tierwelt vergleicht , wie der Alpenreisende ist , der die Berge in den Himmel ragen sieht und kaum erkennen kann, wo die tief schattigen Felsen und rosafarbenen Gipfel enden und wo die Wolken des Himmels beginnen. Der ehrfürchtige Reisende kann es sicherlich verzeihen, wenn er dem Geologen zunächst nicht glauben will, der ihm sagt, dass diese herrlichen Massen schließlich der gehärtete Schlamm urzeitlicher Meere oder die erkaltete Schlacke unterirdischer Öfen seien – und zwar von einem Substanz mit dem trübsten Lehm, aber durch innere Kräfte an den Ort stolzer und scheinbar unzugänglicher Herrlichkeit erhoben.

Aber der Geologe hat recht; und angemessenes Nachdenken über seine Lehren fügt, anstatt unsere Ehrfurcht und unser Staunen zu schmälern, der bloßen ästhetischen Intuition des ungebildeten Betrachters die ganze Kraft intellektueller Erhabenheit hinzu.

Und nachdem Leidenschaft und Vorurteile abgeklungen sind, wird das gleiche Ergebnis auf die Lehren des Naturforschers in Bezug auf die großen Alpen und Anden der lebenden Welt warten – den Menschen. Unsere Ehrfurcht vor dem Adel der Menschheit wird nicht durch das Wissen gemindert, dass der Mensch seinem Wesen und seiner Struktur nach eins mit den Tieren ist; denn er allein besitzt die wunderbare Begabung einer verständlichen und rationalen Sprache, wodurch er in der weltlichen Periode seiner Existenz langsam die Erfahrung angesammelt und organisiert hat, die mit dem Aufhören jedes individuellen Lebens bei anderen Tieren fast vollständig verloren geht; so dass er jetzt darauf wie auf einem Berggipfel steht, weit über dem Niveau seiner bescheidenen Mitmenschen, und von seiner gröberen Natur verklärt, indem er hier und da einen Strahl aus der unendlichen Quelle der Wahrheit reflektiert.

„Eine prägnante Geschichte der Kontroverse um die Gehirnstruktur des Menschen und der Affen."

Bis zum Jahr 1857 waren sich alle angesehenen Anatomen, die sich mit der Gehirnstruktur der Affen beschäftigt hatten – Cuvier, Tiedemann, Sandifort , Vrolik , Isidore G. St. Hilaire, Schroeder van der Kolk, Gratiolet – einig, dass das Gehirn von Die Affen besitzen einen Hinterlappen.

Tiedemann hat im Jahr 1825 im Text seiner „ Icons " die Existenz des POSTERIOR CORNU des Seitenventrikels bei den Affen berücksichtigt und anerkannt, und zwar nicht nur unter dem Titel „ Scrobiculus" . parvus loco hornu posterioris ' – eine Tatsache, die zur Schau gestellt wurde – aber als , cornu posterius ' („ Ikonen ", S. 54), ein Umstand, der ebenso gewissenhaft im Hintergrund gehalten wurde.

Cuvier (' Lecons ', T. iii. S. 103) sagt: „Die vorderen oder seitlichen Ventrikel besitzen nur beim Menschen und bei den Affen eine digitale Höhle [hinteres Horn] … ihr Vorhandensein hängt von dem der hinteren Lappen ab."

Schroeder van der Kolk und Vrolik sowie Gratiolet hatten auch das hintere Horn bei verschiedenen Affen dargestellt und beschrieben. Was den HIPPOCAMPUS MINOR betrifft, hatte Tiedemann fälschlicherweise behauptet, dass er bei den Affen nicht vorhanden sei; aber Schroeder van der Kolk und Vrolik hatten auf die Existenz dessen hingewiesen, was sie für ein rudimentäres Tier beim Schimpansen hielten, und Gratiolet hatte dessen Existenz bei diesen Tieren ausdrücklich bestätigt. Dies war der Stand unserer Informationen zu diesen Themen im Jahr 1856.

Im Jahr 1857 reichte Professor Owen jedoch, entweder in Unkenntnis dieser wohlbekannten Tatsachen oder in anderer ungerechtfertigter Unterdrückung, der Linnaean Society ein Papier mit dem Titel „Über die Merkmale, Teilungsprinzipien und Primärgruppen der Klasse Mammalia" ein. das im Journal der Gesellschaft abgedruckt wurde und die folgende Passage enthält: „Beim Menschen weist das Gehirn einen aufsteigenden Entwicklungsschritt auf, der höher und stärker ausgeprägt ist als der, durch den sich die vorhergehende Unterklasse von der darunter liegenden Unterklasse unterschied." Nicht nur überlappen sich die Gehirnhälften und die Riechlappen und das Kleinhirn, sie erstrecken sich auch vor dem einen und weiter nach hinten als der andere. Die hintere Entwicklung ist so ausgeprägt, dass Anatomen diesem Teil den Charakter eines dritten Lappens zugeschrieben haben; „Es ist eigenartig für die Gattung Homo, und ebenso eigenartig ist das Hinterhorn des Seitenventrikels und der ‚Hippocampus minus', der den Hinterlappen jeder Hemisphäre charakterisiert ." – „Journal of the Proceedings of the Linnaean Society, Bd. ii. P. 19.

Da der Aufsatz, in dem diese Passage steht, kein weniger ehrgeiziges Ziel hatte als die Neugestaltung der Klassifikation der Mammalia, könnte man davon ausgehen, dass sein Autor in einem besonderen Verantwortungsgefühl geschrieben und die Aussagen mit besonderer Sorgfalt geprüft hat er wagte es zu verkünden. Und selbst wenn es sich dabei um zu hohe Erwartungen, Voreiligkeit oder einen Mangel an Gelegenheit für eine ordnungsgemäße Beratung handelt, kann dies jetzt nicht als Abmilderung etwaiger Mängel geltend gemacht werden; denn die zitierten Thesen wurden zwei Jahre später in der Reade-Vorlesung wiederholt, die 1859 vor einem so bedeutenden Gremium wie der Universität Cambridge gehalten wurde.

Als ich zum ersten Mal auf die Behauptungen aufmerksam wurde, die ich im obigen Auszug kursiv geschrieben habe, war ich nicht wenig erstaunt über den so offensichtlichen Widerspruch zu den Lehren, die unter gebildeten Anatomen verbreitet sind ; Da ich aber nicht unnatürlicherweise davon ausging, dass die bewussten Aussagen einer verantwortlichen Person tatsächlich eine gewisse Grundlage haben müssten, hielt ich es für meine Pflicht, das Thema noch einmal zu untersuchen, bevor der Zeitpunkt kam, an dem es meine Aufgabe wäre, darüber einen Vortrag zu halten. Das Ergebnis meiner Nachforschungen war der Beweis, dass die drei Behauptungen von Herrn Owen, dass „der dritte Lappen, das Hinterhorn des Seitenventrikels und der Hippocampus inferior" „spezifisch für die Gattung ‚Homo' sind", im Widerspruch zu den Behauptungen stehen schlichteste Tatsachen. Diese Schlussfolgerung habe ich den Schülern meiner Klasse mitgeteilt; Und da ich dann keine Lust hatte, mich auf eine Kontroverse einzulassen, die der Ehre der britischen Wissenschaft nicht zugute kommen konnte , was auch immer das Thema sein mochte, wandte ich mich sympathischeren Beschäftigungen zu.

Es kam jedoch schnell die Zeit, in der das Beharren auf dieser Zurückhaltung mich in ein unwürdiges Schwanken mit der Wahrheit verwickelt hätte.

Auf dem Treffen der British Association in Oxford im Jahr 1860 wiederholte Professor Owen diese Behauptungen in meiner Anwesenheit, und natürlich widersprach ich ihnen sofort direkt und uneingeschränkt und bat mich, dieses ungewöhnliche Vorgehen an anderer Stelle zu rechtfertigen. Ich löste dieses Versprechen ein, indem ich in der Januarausgabe des „Natural History Review" für 1861 einen Artikel veröffentlichte, in dem die Wahrheit der drei folgenden Thesen vollständig nachgewiesen wurde (lcp 71): –

„1. Dass der dritte Lappen weder eigenartig noch charakteristisch für den Menschen ist, da er in allen höheren Quadrumana existiert ."

„2. Dass das hintere Cornu des Seitenventrikels weder eigenartig noch charakteristisch für den Menschen ist, da es auch im oberen Quadrumana existiert ."

„3. Dass der ‚Hippocampus inferior' weder eigenartig noch charakteristisch für den Menschen ist, wie er in einigen höheren Quadrumana zu finden ist ."

Darüber hinaus enthält dieses Papier den folgenden Absatz (S. 76): „Und schließlich Schroeder van der Kolk und Vrolik (op. cit. S. 271), obwohl sie insbesondere darauf hinweisen, dass „der Seitenventrikel sich von dem des Menschen unterscheidet durch." die sehr fehlerhaften Proportionen des hinteren Cornu , in dem nur ein Streifen als Hinweis auf den Hippocampus inferior sichtbar ist;' doch die Abbildung 4 in ihrer zweiten Tafel zeigt, dass dieses hintere Cornu eine vollkommen deutliche und unverwechselbare Struktur ist, genauso groß, wie es oft beim Menschen ist. Es ist umso bemerkenswerter, dass Professor Owen die explizite Angabe und Abbildung davon übersehen haben sollte Diese Autoren, da beim Vergleich der Figuren ganz offensichtlich ist, dass sein Holzschnitt des Gehirns eines Schimpansen (lcp 19) eine verkleinerte Kopie der zweiten Figur der ersten Tafel der Herren Schroeder van der Kolk und Vrolik ist .

„Wie M. Gratiolet (lcp 18) jedoch sorgfältig anmerkt: „Leider wurde das Gehirn, das sie als Modell genommen haben, stark (tiefgreifend) verändert." sackt ab), weshalb die allgemeine Form des Gehirns auf diesen Tafeln in einer völlig falschen Weise wiedergegeben wird. Tatsächlich ist aus einem Vergleich eines Abschnitts des Schädels des Schimpansen mit diesen Figuren völlig offensichtlich, dass dies der Fall ist; und es ist sehr zu bedauern, dass eine so unzureichende Abbildung als typische Darstellung des Gehirns des Schimpansen angenommen wurde."

Von diesem Zeitpunkt an könnte die Unhaltbarkeit seiner Position für Professor Owen genauso offensichtlich gewesen sein wie für alle anderen; Aber Professor Owen hat die schwerwiegenden Fehler, in die er geraten war, nicht zurückgenommen, sondern beharrt darauf und sie wiederholt; Erstens in einem Vortrag vor der Royal Institution am 19. März 1861, der am 23.

März 1861 im „Athenaeum" genau wiedergegeben wurde, und zwar in einem Brief, den Professor Owen am 19. März 1861 an diese Zeitschrift richtete der 30. März. Dem Athenaeum-Bericht war ein Diagramm beigefügt, das angeblich das Gehirn eines Gorillas darstellte, in Wirklichkeit jedoch eine so außergewöhnliche Falschdarstellung war, dass Professor Owen sie im fraglichen Brief im Wesentlichen, wenn auch nicht ausdrücklich, zurückzieht. Bei der Berichtigung dieses Fehlers beging Professor Owen jedoch einen weiteren Fehler von viel schwerwiegenderer Tragweite, da seine Mitteilung mit dem folgenden Absatz endet: „Für das wahre Verhältnis, in dem das Großhirn das Kleinhirn bei den höchsten Affen bedeckt, sollte auf die Abbildung verwiesen werden." des nicht sezierten Gehirns des Schimpansen in meinem „Reade's Lecture on the Classification, etc., of the Mammalia", S. 25, Abb. 7, 8 Bände. 1859."

Es wäre unglaubwürdig, wenn es leider nicht wahr wäre, dass diese Zahl, auf die sich die gläubige Öffentlichkeit ohne ein Wort der Einschränkung bezieht, „für das wahre Verhältnis, in dem das Großhirn das Kleinhirn bei den höchsten Affen bedeckt", gilt genau diese unbestätigte Kopie der Figur von Schroeder van der Kolk und Vrolik , auf deren völlige Ungenauigkeit Jahre zuvor Gratiolet hingewiesen hatte und die ich Professor Owen in der oben zitierten Passage meines Artikels in der „Natural History Review" zur Kenntnis gebracht hatte.

Auf diesen Umstand habe ich in meiner Antwort an Professor Owen, veröffentlicht im „Athenaeum" vom 13. April 1861, noch einmal die öffentliche Aufmerksamkeit gelenkt; aber die explodierte Zahl wurde von Professor Owen noch einmal in den „Annals of Natural History" für Juni 1861 reproduziert, ohne den geringsten Hinweis auf ihre Ungenauigkeit!

Dies erwies sich als zu viel für die Geduld der ursprünglichen Autoren der Abbildung, der Herren. Schroeder van der Kolk und Vrolik , die sich in einer an die Akademie von Amsterdam, deren Mitglieder sie waren, gerichteten Notiz erklärten, obwohl sie entschiedene Gegner aller Formen der Lehre von der fortschreitenden Entwicklung seien, vor allem aber Liebhaber der Wahrheit : und dass sie es deshalb für ihre Pflicht hielten, die erste Gelegenheit zu nutzen, Professor Owens Missbrauch ihrer Autorität öffentlich zurückzuweisen, auch wenn sie Gefahr laufen mochten, Ansichten zu unterstützen, die ihnen missfielen.

In dieser Notiz erkannten sie offen die Berechtigung der oben zitierten Kritik von M. Gratiolet an und illustrierten mit neuen und sorgfältigen Figuren den Hinterlappen, das hintere Cornu und den Hippocampus inferior des Orang. Darüber hinaus fügten sie, nachdem sie die Teile in einer der Sitzungen der Akademie demonstriert hatten, hinzu: „Die Anwesenheit der umstrittenen Parteien ist vorhanden ." Sommer allgemein von den bei der Sitzung anwesenden Anatomen anerkannt . Der einzige Zweifel besteht Der Rest bezieht sich auf den Pes Hippocampi minor.... Im frischen Zustand der Index des kleinen Fußes von Hippocampus war ausgeprägter als jetzt . _

Professor Owen wiederholte seine falschen Behauptungen auf der Tagung der British Association im Jahr 1861, und zwar noch einmal, ohne offensichtliche Notwendigkeit und ohne eine einzige neue Tatsache oder ein neues Argument vorzubringen oder in irgendeiner Weise in der Lage zu sein, den erdrückenden Beweisen aus Originalzerlegungen entgegenzutreten zahlreiche Gehirne von Affen, die inzwischen von Prof. Rolleston, 8 FRS, Mr. Marshall, 9 FRS, Mr. Flower, 10 Mr. Turner, 11 und ich, 12 , haben das Thema auf der Cambridge-Sitzung desselben Gremiums im Jahr 1862 wieder aufgegriffen. Nicht zufrieden mit der einigermaßen heftigen Ablehnung, die diese beispiellos machten In den Verfahren, die in Abschnitt D behandelt wurden, genehmigte Professor Owen die Veröffentlichung einer Version seiner eigenen Aussagen, begleitet von einer seltsamen Falschdarstellung von mir (wie aus dem Vergleich des „Times"-Berichts über die Diskussion hervorgeht), in der „Medical Times". ' für den 11. Oktober 1862. Ich füge den Schluss meiner Antwort in derselben Zeitschrift vom 25. Oktober bei.

„Wenn dies eine Frage der Meinung oder eine Frage der Interpretation von Teilen oder Begriffen wäre – wäre es überhaupt eine Frage der Beobachtung, bei der das Zeugnis meiner eigenen Sinne allein dem einer anderen Person gegenübergestellt würde, würde ich eine sehr klare Meinung vertreten." Ich habe bei der Erörterung dieser Angelegenheit einen anderen Ton gewählt. Ich sollte in aller Bescheidenheit zugeben, dass es wahrscheinlich ist, dass ich mich in meinem Urteil geirrt habe, an Wissen gescheitert bin oder von Vorurteilen geblendet wurde.

„Aber niemand behauptet jetzt, dass es sich bei der Kontroverse um einen Begriff oder eine Meinung handelt. So neu und ohne Autorität einige der von Professor Owen vorgeschlagenen Definitionen auch gewesen sein mögen, sie könnten akzeptiert werden, ohne die großen Merkmale des Falles zu ändern. Daher jedoch Spezielle Untersuchungen zu diesen Angelegenheiten wurden in den letzten zwei Jahren von Dr. Allen Thomson, von Dr. Rolleston, von Mr. Marshall und von Mr. Flower durchgeführt, allesamt, wie Sie wissen, angesehene Anatomen in diesem Land, und Von den Professoren Schroeder Van der Kolk und Vrolik (den Professor Owen unvorsichtigerweise in seine eigenen Dienste zu drängen versuchte) auf dem Kontinent haben alle diese fähigen und gewissenhaften Beobachter einhellig die Richtigkeit meiner Aussagen und die völlige Unbegründetheit meiner Aussagen bezeugt die Behauptungen von Professor Owen. Sogar der ehrwürdige Rudolph Wagner, dem niemand progressive Neigungen vorwerfen wird, hat seine Stimme auf derselben Seite erhoben; während kein einziger Anatom, ob groß oder klein, Professor Owen unterstützt hat.

„Nun möchte ich nicht vorschlagen, dass wissenschaftliche Differenzen durch allgemeines Wahlrecht beigelegt werden sollten, aber ich bin der Meinung, dass solide Beweise durch mehr als nur leere und nicht unterstützte Behauptungen erbracht werden müssen. Und doch während der zwei Jahre, die sich diese absurde Kontroverse hingezogen hat Aufgrund seiner ermüdenden Länge hat Professor Owen nicht gewagt, auch nur eine einzige Vorbereitung zur Untermauerung seiner oft wiederholten Behauptungen vorzubringen.

„Der Fall stellt sich also wie folgt dar : – Die von mir gemachten Aussagen stehen nicht nur im Einklang mit den Lehren der besten älteren Autoritäten und mit denen aller neueren Forscher, ich bin auch durchaus bereit, sie am ersten Affen zu demonstrieren, der kommt Während Professor Owens Behauptungen nicht nur im diametralen Gegensatz zu alten und neuen Autoritäten stehen, hat er auch keine einzige Vorbereitung vorgelegt, die sie rechtfertigt, und ich möchte hinzufügen, dass er auch keine einzige Vorlage liefern kann.

Ich verlasse dieses Thema jetzt vorerst. – Um meiner Berufung Ehre zu machen, würde ich mich freuen, von nun an für immer darüber zu schweigen. Aber leider ist dies eine Angelegenheit, bei der nach allem, was geschehen ist, kein Fehler oder keine Verwechslung der Begriffe möglich ist – und indem ich behaupte, dass der hintere Lappen, das hintere Cornu und der Hippocampus inferior bei bestimmten Affen existieren, behaupte ich das entweder das, was wahr ist, oder das, von dem ich wissen muss, dass es falsch ist. Die Frage ist somit zu einer Frage der persönlichen Wahrhaftigkeit geworden. Für mich selbst werde ich keine andere Frage als diese, so ernst sie auch sein mag, in der gegenwärtigen Kontroverse akzeptieren.

FUSSNOTEN:

1 [Es versteht sich, dass ich im vorangegangenen Essay aus der riesigen Menge an Arbeiten, die über die menschenähnlichen Affen geschrieben wurden, nur diejenigen zur Beachtung ausgewählt habe, die mir von besonderer Bedeutung zu sein scheinen.

2 [Wir sind derzeit nicht gründlich mit dem Gehirn des Gorillas vertraut, und deshalb werde ich bei der Erörterung der Gehirncharaktere das des Schimpansen als meinen höchsten Begriff unter den Affen bezeichnen.]

3 [„Mehr als einmal", sagt Peter Camper, „sind mir beim Menschen mehr als sechs Lendenwirbel aufgefallen … Einmal habe ich dreizehn Rippen und vier Lendenwirbel gefunden." Fallopius bemerkte dreizehn Rippenpaare und nur vier Lendenwirbel; und Eustachius fand einmal elf Rückenwirbel und sechs Lendenwirbel. – „ Oeuvres de Pierre Camper", T. 1, S. 42. Wie Tyson feststellt, hatte sein „ Pygmäe " dreizehn Rippenpaare und fünf Lendenwirbel. Die Frage nach den Krümmungen der Wirbelsäule bei Affen bedarf weiterer Untersuchungen.]

4 [Es wurde bestätigt, dass Hindu-Schädel manchmal nur 27 Unzen Wasser enthalten, was ein Fassungsvermögen von etwa 46 Kubikzoll ergeben würde. Die von mir oben angenommene Mindestkapazität basiert jedoch auf den wertvollen Tabellen, die Professor R. Wagner in seinen „ Vorstudien" veröffentlicht hat zu einer wissenschaftlich Morphologie und Physiologie des Menschen Als Ergebnis der sorgfältigen Wägung von mehr als 900 menschlichen Gehirnen stellt Professor Wagner fest, dass die Hälfte zwischen 1200 und 1400 Gramm wog und dass etwa zwei Neuntel, die zum größten Teil aus männlichen Gehirnen bestehen, über 1400 Gramm wogen . Das leichteste Gehirn eines erwachsenen Mannes mit gesunden geistigen Fähigkeiten, aufgezeichnet von Wagner, wog 1020 Gramm. Da ein Gramm 15,4 Grains entspricht und ein Kubikzoll Wasser 252,4 Grains enthält, entspricht dies 62 Kubikzoll Wasser; also Da das Gehirn schwerer als Wasser ist, sind wir völlig sicher davor, auf der Seite der Verkleinerung zu wandern, wenn wir davon ausgehen, dass dies die kleinste Kapazität eines erwachsenen männlichen menschlichen Gehirns ist. Das einzige erwachsene männliche Gehirn, das nur 970 Gramm wiegt, ist das eines Idiot; aber das Gehirn einer erwachsenen Frau, gegen deren gesunde Fähigkeiten nichts spricht, wog nur 907 Gramm (55,3 Kubikzoll Wasser); und Reid gibt ein erwachsenes weibliches Gehirn von noch geringerer Kapazität an. Das schwerste Gehirn (1872 Gramm oder etwa 115 Kubikzoll) war jedoch das einer Frau; daneben kommt das Gehirn von Cuvier (1861 Gramm), dann Byron (1807 Gramm) und dann ein Wahnsinniger (1783 Gramm). Das leichteste Gehirn eines Erwachsenen (720 Gramm) stammte von einer idiotischen Frau. Das Gehirn

von fünf vierjährigen Kindern wog zwischen 1275 und 992 Gramm. Man kann also mit Sicherheit sagen, dass ein durchschnittliches europäisches Kind im Alter von vier Jahren ein doppelt so großes Gehirn hat wie das eines erwachsenen Gorillas.]

5 [Als er vom Fuß seines „ Pygmäen " spricht, bemerkt Tyson, S. 13:- „Aber dieser Teil in der Formation und auch in seiner Funktion ähnelt eher einer Hand als einem Fuß: Um diese Art von Tieren von anderen zu unterscheiden, habe ich darüber nachgedacht, ob er nicht eher als Quadru -manus bezeichnet und bezeichnet werden könnte. " Vierbeiner , „d. h." eher ein vierhändiges als ein vierfüßiges Tier.

6 [Ich sage „Hilfe", um bereitzustellen: denn ich glaube keineswegs, dass es irgendein ursprünglicher Unterschied in der Qualität oder Quantität des Gehirns war, der diese Divergenz zwischen dem menschlichen und dem pithekoiden Steigbügel verursacht hat, die in der gegenwärtigen enormen Kluft zwischen ihnen geendet hat . " . In gewissem Sinne ist es zweifellos völlig richtig, dass alle Unterschiede in der Funktion das Ergebnis unterschiedlicher Strukturen sind; oder, mit anderen Worten, von einem Unterschied in der Kombination der primären molekularen Kräfte der lebenden Substanz; und ausgehend von diesem unbestreitbaren Axiom argumentieren Gegner gelegentlich und scheinbar sehr plausibel, dass die große intellektuelle Kluft zwischen dem Affen und dem Menschen eine entsprechende strukturelle Kluft in den Organen der intellektuellen Funktionen impliziert; Daher wird gesagt, dass die Nichtentdeckung derart großer Unterschiede nicht beweist, dass sie nicht vorhanden sind, sondern dass die Wissenschaft nicht in der Lage ist, sie zu entdecken. Ich denke jedoch, dass eine kleine Überlegung den Irrtum dieser Argumentation aufzeigen wird. Ihre Gültigkeit hängt von der Annahme ab, dass die intellektuelle Kraft vollständig vom Gehirn abhängt – während das Gehirn nur eine von vielen Bedingungen ist, von denen intellektuelle Manifestationen abhängen; Bei den anderen handelt es sich hauptsächlich um die Sinnesorgane und die motorischen Apparate, insbesondere um diejenigen, die sich mit dem Greifen und der Produktion artikulierter Sprache befassen.]

7 [Es ist für mich eine so seltene Freude, die Meinungen von Professor Owen in völliger Übereinstimmung mit meinen eigenen zu finden, dass ich nicht umhin kann, einen Absatz zu zitieren, der in seinem Essay „On the Characters, etc., of the Class Mammalia" erschien im „Journal of the Proceedings of the Linnean Society of London" von 1857, wird jedoch aus unerklärlichen Gründen in der „Reade Lecture" weggelassen, die zwei Jahre später vor der Universität Cambridge gehalten wurde und ansonsten fast einem Nachdruck des betreffenden Aufsatzes gleicht. Lehrer. Owen schreibt: „Ich bin nicht in der Lage, den Unterschied zwischen den psychischen

Phänomenen eines Schimpansen und eines Buschmanns oder eines Azteken mit gestopptem Gehirnwachstum zu würdigen oder zu begreifen, als dass er von so wesentlicher Natur ist, dass ein Vergleich zwischen ihnen ausgeschlossen ist." , oder da es sich um etwas anderes als einen Gradunterschied handelt, kann ich meine Augen nicht vor der Bedeutung dieser alles durchdringenden Ähnlichkeit der Struktur verschließen – jeder Zahn, jeder Knochen, streng homolog –, die die Bestimmung des Unterschieds zwischen „Homo" und „Homo" ausmacht. Pithecus 'Die Schwierigkeit des Anatomen.' Sicherlich ist es ein wenig seltsam, dass der „Anatom", der es „schwierig" findet, „den Unterschied" zwischen „Homo" und „ Pithecus " zu bestimmen, sie dennoch aus anatomischen Gründen in verschiedene Unterklassen einordnet!]

8 [Über die Verwandtschaft des Orang-Gehirns. „Nat. Hist. Review', April 1861.]

9 [Über das Gehirn eines jungen Schimpansen. „Ebenda", Juli 1861.]

10 [Auf den hinteren Lappen des Großhirns der Quadrumana . „Philosophische Transaktionen", 1862.]

11 [Über die anatomischen Beziehungen der Oberflächen des Tentoriums zum Großhirn und Kleinhirn beim Menschen und den niederen Säugetieren. „Proceedings of the Royal Society of Edinburgh", März 1862.]

12 [Über das Gehirn von Ateles. „Proceedings of Zoological Society", 1861.]